《家的故事》编委会

总 策 划：张小牧　赵　强
主　　编：闫　肃
策　　划：黄　诚
执行编辑：康进刚
编　　委：潘艳峰　张　磊　侯春生　罗　青　保　瑞
　　　　　李杰鹏　吕　锋　薛　峰　李先明　马春霞
　　　　　李　冰　李　翔　马　丽　赵　峰　李　扬
　　　　　田满潮　杜凯伦　韩　璐　王　伟　阚　敬
　　　　　张红梅　李珊珊　李鹏远　郭　佳　蒙　慧
　　　　　李　娜　杨学海　倪　远　崔　悦　李　霞
　　　　　楼　佳　朱　茜

国网宁夏电力有限公司
银川供电公司 编

家的故事

——传承家风家训——

图书在版编目（CIP）数据

家的故事 / 国网宁夏电力有限公司银川供电公司编. —银川：宁夏人民出版社，2018.11
ISBN 978-7-227-06971-3

Ⅰ.①家… Ⅱ.①国… Ⅲ.①家庭–文集 Ⅳ.①C913.11-53

中国版本图书馆 CIP 数据核字（2018）第 251552 号

家的故事　　　　　　　　　国网宁夏电力有限公司银川供电公司　编

责任编辑　杨海军
责任校对　陈　晨
封面设计　瑞联智诺
责任印制　肖　艳

黄河出版传媒集团
宁夏人民出版社　出版发行

地　　　址	银川市北京东路 139 号出版大厦　（750001）
网　　　址	http://www.yrpubm.com
网 上 书 店	http://www.hh-book.com
电子信箱	nxrmcbs@yrpubm.com
邮购电话	0951-5052104　5052106
经　　　销	全国新华书店
印刷装订	宁夏凤鸣彩印广告有限公司
印刷委托书号	（宁）0011559
开　　　本	787 mm×1092 mm　　1/16
印　　　张	15.25　　字　数　120 千字
版　　　次	2018 年 11 月第 1 版
印　　　次	2018 年 11 月第 1 次印刷
书　　　号	ISBN 978-7-227-06971-3
定　　　价	48.00 元

版权所有　侵权必究

序言

树立家国情怀　领航事业发展

家是现代社会的基石和永续发展的存在,是每个人成长的摇篮和幸福生活的归宿;家风是一个家庭的精神内核,如树之根系,水之源头,虽经千回百转,却颠扑不破。从儿时的家教家规到成年后的家风家训,在不断的熏染和教育中,形成了一个人的价值认知和价值底线。每个人的言行举止和性格气质,无不折射出时代和家庭的影响及熏陶。

中华民族历来重视家风、家教,将崇廉尚洁作为治家的重要内容。被列为"四书"之首的《大学》有"心正而后身修,身修而后家齐,家齐而后国治,国治而后天下平"说,《孟子》有"天下之本在国,国之本在家,家之本在身"说。在古人看来,家

家的故事
family story

国天下，家是国的基础，国是家的延伸。诸葛亮的《诫子书》、颜之推的《颜氏家训》、包拯的三十七字家规，都把家风作为传承道德文化的重要途径。这些伟大的思想、古朴的家庭文化，在岁月的淘洗中愈发深邃醇厚，滋养着时代正气，培育着传统美德。

习近平总书记多次强调要重视家风家教，"不论时代发生多大变化，不论生活格局发生多大变化，我们都要重视家庭建设，注重家庭、注重家教、注重家风"。总书记在党的十九大报告中指出，要坚定文化自信，推动社会主义文化繁荣兴盛。文化自信是一个国家、一个民族发展中最基本、最深沉、最持久的力量，要在传统文化中寻找"精气神"，挺起文化自信的"精神脊梁"，增强文化自信的底气。家风建设是新时期弘扬中华传统优秀文化的重要发力点，继承和坚守长期实践中形成的美德，努力传承优秀家训家规文化，既是加强家庭教育的重要内容，也是实现民族复兴伟大中国梦的重要保证。

从1973年银川供电局建局至今，40多年来，一代代银川供电人将深植于内心的良好家风转化为干事业、谋发展的工作动力，奋力谱写推动公司高质量发展的华章，完成了一个又一个艰巨任务，解决了一个又一个发展难题，攀越了一个又一个高峰。在绵延不绝的传承中，家风成为我们银川供电人砥砺奋进、干事创业源源不绝的精神动力。为深入贯彻党的十九大精神，全面落实国家电网公司党建"旗帜领航·三年登高"计划，银川供电公司党委、纪委组织开展"传家训、写家书、立家规"系列活动，目的就是以家风建设为载体，实现家风保廉、家风促廉，为公司提高发展质效，营造"干事、干净"的廉洁文化氛围。掩卷沉思，我们深深被广大干部员工饱含质朴、真情、善良、奉献精神的家风所感动，书中一个个充满温情的家风故事，令人感慨不已。

党的十九大描绘了实现"两个一百年"奋斗目标的宏伟蓝图，吹响了新时代决胜全面建成小康社会的冲锋号，开启了全面建设社会主义现代化强国的新征程。银川供电公司连续在银川市行风评议中蝉联第一,2018年又喜获"全国文明单位"、自治区五一劳动奖状,新时代正当奋发有为,新征程更须砥砺前行,有这么好的企业,有这么好的干部员工,有这么深厚的文化积养,我们坚信银川供电公司的明天一定更加美好!

国网宁夏电力有限公司银川供电公司党委

2018年11月

目录

家风篇

我的爹娘 我的家	康进刚//003
陪伴是最长情的表白	马彩虹//007
家乡的泡桐树花开了	田满潮//011
忆别离	卢佳瑶//013
爸爸,来世我还要做你的女儿	张 鑫//015
传家风家训 铸敬业情怀	李 扬//018
孩子你是我的最爱	朱 茜//022
家和万事兴	杨 明//024
仰视我的父亲	雷宏波//027
一个传承爱的地方	魏 云//030
用爱谱写真情	王 苹//034
感恩父母	解 宇//036
从小处着眼 从点滴做起 树良好家风	杜凯伦//038
如春风般培育我的她	徐 航//040

家的故事
family story

家风故事	高　放	//043
不成文的家风	袁　昊	//045
非学无以明志　非学无以广才	赵志钰	//047
好家风薪火相传	李佳美	//049
做人要有诚信　做事要善始善终	周星明	//051
影响孩子一生的教育	魏宁霞	//053
家风的传承	陈　静	//055
以诚为本　孝顺和谐	郭永峰	//057
良好家风伴我成长	何　军	//059
父亲的教诲	李福平	//061
与父亲一起爬山	滕岳桓	//063
良好家风铸就"三观"基石	王启鹏	//065
家风家训　成就美德	李　臻	//067
家　风	周凯昕	//069
家规家训家风伴我成长	王　军	//071
做人如水　做事如山	马　媛	//073
润物细无声	陈　燕	//075
我的家风故事	王　澹	//077
他们也是第一次为人父母啊	吴怡宏	//079
传承的爱	于继林	//081
我的家风家训	张　颖	//083
知足常乐　教我道理	张红雁	//085

做人要有责任　做事要有始有终 ············ 应　东//087

家　书　篇

孩子,希望你在平淡中实现你的精彩 ············ 潘艳峰//091
致陪伴我成长的父母 ······················· 吕　卓//093
爸妈,我用一生来孝敬你们 ················· 吴　刚//096
妈妈,您是我学习的榜样 ··················· 尚苗苗//098
孩子,爸妈为你骄傲 ······················· 张　锐//103
爸妈,儿子永远不忘你们的恩情 ············· 孔德全//106
给爱人的一封家书 ························· 李铁军//108
孩子,让我们共同成长 ····················· 汪海英//110
写给即将入园的儿子 ······················· 常盛楠//112
家庭平安是最大的心愿 ····················· 王心怡//114
我独立了,您可以歇歇了 ··················· 李振宁//116
愿你做个小小太阳 ························· 唐怡雯//118
孩子,祝你平安幸福 ······················· 李　翔//121
学会勤俭　幸福陪伴 ······················· 刘振华//123
写给未来的一封信 ························· 吴小刚//125
给丈夫的一封信 ··························· 李云霞//127
给爸爸的一封信 ··························· 张　俊//129
一封"老"家书 ····························· 任　华//131

家的故事
family story

盼你长大 也怕你长大 …………………………… 董　捷//133

你是我和儿子的骄傲 …………………………… 赵素红//135

做一个善良的人 ………………………………… 江　华//137

孩子,珍惜共聚的时光 …………………………… 田江斌//139

你的笑容是我幸福的源泉 ……………………… 宋岩龙//141

我会努力工作,认真生活 ………………………… 王萌萌//144

天乐,姥爷爱你 …………………………………… 郭瑞岐//146

写给女儿的一封家书 …………………………… 冯　蕾//148

妈妈,我爱您 ……………………………………… 来娜伊//150

妈妈,我会做一个优秀的人 ……………………… 纪　倩//151

感谢你们养育了我 ……………………………… 梅　华//153

给妹妹的一封信 ………………………………… 乔青青//155

希望你健康快乐成长 …………………………… 魏晓东//157

写给儿子的一封信 ……………………………… 杨熠鑫//159

宝贝,我想对你说 ………………………………… 李军宏//161

给丫头的一封信 ………………………………… 田　玮//163

写给宜禾的一封信 ……………………………… 马春霞//164

写在母亲节的一封信 …………………………… 张宜禾//166

您教给我的我学到了 …………………………… 徐　航//168

送给妈妈的母亲节礼物 ………………………… 茹子因//170

陪你健康快乐成长 ……………………………… 席晓静//172

您的爱比泰山还重 ……………………………… 宋　薇//174

写给儿子的一封信	王志誉 // 176
写给儿子的一封信	敖园明 // 178
写给儿子的一封信	薛少华 // 181
写给父母亲的家书	李静龙 // 183
写在中考之前	李海勃 // 185
写给女儿的信	王　剑 // 187
写给女儿的信	张　灏 // 189
写给父母的一封信	杨玉豪 // 191
愿你慢慢长大	邱　伟 // 193
一封寄不出去的家书	岳上茵 // 195
给父母的一封信	张　宏 // 197
致父母的一封信	陈晓双 // 199
家　信	贺兴安 // 201
写给女儿的一封信	吕　峰 // 203
写给女儿的信	王　泉 // 205

家规篇

家　规	卢　璟 // 209
家　规	黄　诚 // 210
家　规	白　钰 // 211
家　规	赵　峰 // 212

家的故事
family story

家　规	杨　震 // 213
我的家规	李　虎 // 215
我的家风、家训	封利明 // 217
家规家训	杨熠鑫 // 218
家　规	李军宏 // 220
家　规	李　翔 // 221
家　规	张　弛 // 222
家规家训	何　军 // 223
家　训	孔德全 // 224
家规家训	李海勃 // 225
家训家规	王瑞祥 // 226
陈氏家训家规	陈智郁 // 227
晒晒我的家规　讲讲我家的故事	胡权政 // 229
家规家训	詹国红 // 230

01
家风篇

有首歌唱道:"如果没有你,我将会是在哪里……",伴随祖国的繁荣富强,国网宁夏电力的发展,银川供电公司越来越好了,我们家的生活也越来越好了。党的十九大报告提出,新时代要有新气象,更要有新作为,踏着这股春风,愿我的家、我的单位在新时代发展的更加美好。

我的爹娘 我的家

康进刚

当年,娘是怀着极大的勇气嫁到康家的。那时家里生活条件不好,爹是家里的老大,上面有爷和太爷,下面还有6个弟弟妹妹,一大家子十几口人,生活过得艰苦。作为大哥大嫂,爹娘承担起照顾这一家子老小的责任,赡养老的,照顾小的,还要兼顾家里的农活,上上下下、里里外外都靠他俩操持,但他们把一切都打理得井井有条,小的养大成家,老的养老送终,村里人没有不竖大拇指的。爹娘虽然文化水平不高,生活在农村,但是却从没有耽误一个孩子上学。我们兄弟5个没有一个辍学的,这在当时的农村是一件了不起的事情。

爹娘家教严格,完全继承了"棍棒底下出孝子"的传统,笤帚疙瘩和巴掌就是家法。尤其是爹,最看不上的就是见人不打招呼、走路摇头晃脑、做事虚头巴脑,但凡有这样的表现,轻的骂一顿,重的就是一脚,不分场合,不分年龄，更别说调皮捣蛋干坏事了，那绝对跑不了一顿吊打。所以我们都怕爹，尤其是我，老远见到爹，能躲就躲，能跑就跑，实在跑不了躲不掉了，就看着他的眼睛，侧着身往前蹭，直到他不看我，撒腿就跑。现在想想家里5个儿子不管得严点，还真不知道会出什么乱子。正是爹娘对我们兄弟的严格管教，使我们兄弟对人客客气气、做事踏踏实实、做人堂堂正正，5人口碑都不错。

说爹严厉，其实他最辛苦。上世纪60年代，爹来到宁夏，在银川水电局（银川供电局的前身）当了一名学徒工。爹能吃苦，学东西快，对人实诚又热心，师傅愿意教他手艺，慢慢他就成了车间的技术骨干，从学徒转成了正式工，工资从18块钱涨到30块钱。爹每月按时将工资的2/3寄回家里，无论在外多么辛苦，寄钱从来没有间断过。

我家兄弟多，最大的特点就是一个带一个，大的带小的，小的学大的，兄弟们都很团结。因为从小就是这样过来的，每个人都把家看成一个整体，每个人都为这个家努力着、奉献着。哥哥们从小就承担起照顾家的责任。在农村的时候，掰玉米、摘棉花……大人干啥他们干啥。家里大人不在的时候，哥哥们还要负责做饭。听长辈们说，那时候哥哥们做饭分工很明确，老大指挥，老三添柴，老四拉风匣，老二站在灶台上炒菜，就是一道风景。

穷人的孩子早当家，因为共同经历过苦难，也源于爹娘的严格管教，我们兄弟5人都很孝顺。1990年前后，娘得了重病，卧床不起，我们兄弟每天轮流守在娘身边，喂药喂饭，晚上坚持给娘按摩腿，悉心照顾。为了让娘晚上睡个安稳觉，也想在娘身边待着，兄弟们轮流照顾，一直持续了5年，直到娘离开了我们。后来爹也病了，行动不便，我们兄弟隔三岔五开着车带爹到户外透透气，把能吃到的好吃的都给爹带回来，每天晚上睡在爹旁边护理照顾，跟爹说说话。爹最开心的事情就是5个儿子齐刷刷地围在

家风篇

他的床边跟他说话,虽然他说话已经很吃力,但他喜欢听我们说,一直那么乐呵呵地听着……

爹娘离开我们已经很长时间了,我们兄弟5个也都有了自己的小家庭,但兄弟间的亲情从未疏远。兄弟间的感情虽然不是那么细腻,但是时时刻刻相互牵挂,大的照顾小的、小的听大的的传统一直保持着。

随着年龄的增长,回忆过去,对比现在,我真的感觉到,爹娘虽然没有多少文化,也不会说什么道理,甚至在教育我们时还有些粗暴,但正是他们的严格教育,以及经历过的各种苦难,我们兄弟5人才格外珍惜现在的生活,格外珍惜亲情和家人,在工作和生活中承担自己应尽的责任。

常说知恩要图报,其实从我们家的经历来看,在感恩爹娘的同时,更该感恩我们这个单位。

我们家是踏着银川供电局发展的脚步一步一步地好起来的。因为有了供电局的工作,爹在那个物资匮乏的年代,可以给家里寄钱,养活我们一家老小。我们全家搬到银川以后,单位分配了一套70平方米的房子,还安排了娘的工作,我们兄弟也陆续在供电局参加了工作,扎下了根。娘得病期间,单位发动职工给我家捐款,虽然娘是临时工,但单位对娘看病的费用最大限度地给予报销。一些我认识的或不认识的叔叔、阿姨,帮着打听医疗信息,联系医院,这些雪中送炭的事解决了我家的燃眉之急,也让我们终生难忘。爹退休后,退休工资按时发放,每年单位领导都带着礼品看望慰问。爹得病期间,住院费用都先向单位借款后报销冲账,让爹老有所养,病有所医。今天,我们兄弟5人安居乐业,我们的孩子也能接受良好的教育,再不用去受从前我们受过的苦,这一切都源于有这么好的一个单位,源于我们生活在银川供电局这个大家中。

爹常说:"你们现在过得这么好,不是你们多有能耐,是你们命好,在

家的故事
family story

供电局工作。"记得刚参加工作时,头一个月发工资,也许是骄傲,也许是激动,不知为什么戏谑地说了句供电局不好的话,没想到爹一下子发火了,劈头盖脸地足足训了我半个多小时。我记得最清楚的话就是"没有这个单位,你狗都不如……"。虽然这句话有些粗鲁,但却实实在在印在我的脑海里。尤其随着年龄的增长,目睹了上世纪90年代的"下岗"潮,对比了一起成长的同学、朋友们的现状,真的对爹的这句话体会越来越深刻。我总在想,要感恩这个企业,就要时刻维护它的形象,不做伤害它的事情,不为别的,就因为它是我们命之所依。

有首歌唱道:"如果没有你,我将会是在哪里……",伴随祖国的繁荣富强,国网宁夏电力的发展,银川供电公司越来越好了,我们家的生活也越来越好了。党的十九大报告提出,新时代要有新气象,更要有新作为,踏着这股春风,愿我的家、我的单位在新时代发展的更加美好。

康进刚,中共党员,政工师,国网银川供电公司监察部(纪委办公室)专责,曾获宁夏电力公司纪检监察先进个人、银川供电公司先进工作者、优秀共产党员等荣誉。

家风篇

陪伴是最长情的表白

马彩虹

"你不应该这样做,再这样我会不理你……"当我歇斯底里地对丈夫狂吼时,转身的瞬间捕捉到了那双眼睛:那样的清澈,那样的无辜,顿时我像泄气的皮球一样,强大的怒气继而转化为和声细语。丈夫笑着说:"你终是个变色龙。"我们相视一笑,仿佛刚才的战火发生在别人家一样。

与丈夫的争吵总是这样无果而终,因为在婚姻中他总是那个不善言辞但却使人感到踏实的人。

那年春天,我的母亲被查出得了肺癌,医生说已经是晚期了,加上母亲年事已高不适宜做深入的治疗,我的情绪跌至谷底。此后的每周末,丈夫总是准时地出现在百货商场:母亲爱吃的干果、父亲喜欢吃的杨桃罐头、一周中母亲的日用品等总是会出现在他的手袋中。我总是调侃他,左手一个袋、右手一个筐,背上媳妇回岳母家的小男人。他微微一笑说:"母

家的故事
family story

亲剩下的日子不多了,儿女为她能做的实在太少了。"我满含热泪地笑了,原来丈夫已将自己视为我母亲的儿子。母亲的身体每况愈下,在外出时丈夫总是小心翼翼地搀扶着。有一日他带母亲去散步,拍了一张母亲佝偻背的照片并配上文字:我还能为老人做些什么呢?言语中充满了遗憾。隔日母亲便有了一部轮椅,他说,母亲坐到轮椅上能减少被抱起时造成的肌肉疼痛。之后母亲在轮椅上度过了艰难的一年。

年迈的母亲在病痛的折磨下,呼吸越来越不畅了,神志也是间歇性清醒。清醒时的母亲常说自己离世的时刻一定会是黄昏时分,对于这个预感我们总是听听罢了,但每到黄昏时分她老人家表现出急躁不安时,总是让我束手无策,但丈夫总是像及时雨一样出现在母亲身边。

一日,不能行走的母亲挣扎着从沙发上站起来,疯了一样扑向门口,像一个失去妈妈的孩子一样念叨着:我要回家!我要回家!安抚不住的我心急如焚。丈夫走过来,抱住了母亲,将母亲放在了沙发上,柔声细语地在母亲耳边说:"妈妈,这里就是您的家,妈在哪里,我们的家就在哪里。"接着他将母亲瘦弱的身躯揽进怀里,母亲便很乖巧地靠在他的身上,像孩子一样吃着丈夫喂来的零食。透过厨房的玻璃窗,我看到丈夫看母亲时清澈而温柔的眼神,内心又一次被融化了。此后的日日黄昏,丈夫推着轮椅,母亲安详地坐在上面,到了前阳台,他说:"夏天快来了,看看外面的树绿了。"到了后阳台,他说:"看,马路上的人多了,孩子们要放学了……"这时的母亲总是很安静,就像享受与久别儿子的重逢一样。

随着肺功能的衰退,母亲已经到了日夜离不开人的时候了,白天家里有亲戚走动,吃饭、上厕所时有人帮忙我还可以勉强应付,但夜里就力不从心了,丈夫主动承担了夜班。他睡在客厅的沙发上,头朝向母亲的卧室,这样母亲一有动静,他便知晓了。有一天早晨,我起床后问他母亲昨夜上厕所几次,丈夫说:"上厕所 12 次,插呼吸机 6 次,而且母亲的身体越来越弱,坐在坐便器上也要旁边的人扶。"我说,应该穿纸尿裤,丈夫说:"妈妈干净了一辈子,又做了半辈子礼拜,怎能让尿液贴肤啊。"我说:"你真是妈妈的贴心小棉袄!"

人世间的爱情与亲情,最好的陪伴不过是在我需要你的时候,你一定在。婚姻二十年,丈夫没有说过太多的甜言蜜语,但他用仁孝行动铸就了我们婚姻的稳定性,这即是最长情的表白。

黄昏时分对于我来说总是个魔咒。一天,稍微清醒的母亲手扒着门,嘴里嚷着要回家,含糊不清地说着,每天要女婿抱着上厕所,还要时不时地洗尿裤,实在对不起女婿,也很心疼女婿。丈夫蹲在母亲面前说:"妈妈,你活了八十岁,走过了大半个世纪,经历了多少苦难,还养育了健康的儿女们,现在是我们尽孝的时候了,你不要有过多的顾虑。再说,你生了她(说的是我),让我有了温馨的家,又有了可爱的女儿,没有你,我就没有这个家。"那一刻,母亲的泪浸满了干枯的眼眶,满屋子的亲朋好友亦被感动;那一刻,丈夫的身躯像一棵树一样牢牢地扎在了我及家人的心中;那一刻,我仿佛看到丈夫走过了墨脱的天路,翻过了阴阳两重天的二郎山,趟过了变化无常的金沙江,来到了我的面前,做了那座我可以依靠的山。

6月初的一个黄昏,母亲永远地离开了,就像她老人家预感的那样。从选墓地到送葬,全程都是母亲最信赖的女婿负责,丈夫说,这是责任,也是孝道。想必这也是母亲的心愿。

常言道"祸不单行"。在母亲去世的前两天,父亲被查出是食道癌晚期。在父亲得病的九个月里,丈夫一如既往地全心照料,带父亲旅游、给父亲挑选衣物、陪父亲看病、背父亲上下楼、为父亲熬牛骨汤……这一切总是在家庭战争要爆发之时涌入我的脑海,让我学会了克制情绪和宽待、感恩他人，也更加珍惜这个可以依靠的普通人。

命运不会亏待任何一个心存感恩、生活态度积极阳光的人。在正确的时间遇到正确的人，是多么幸运的一件事。但凡遇见了，便是奇迹，这种奇迹是一份恒久不变的正能量，激发着更多的人用仁孝和厚道回报他人，回报社会。

马彩虹，中共党员，工程师、技师，国网银川供电公司运维检修部变电运维室运维三班值班长。

家风篇

家乡的泡桐树花开了

田满潮

五一节前,在家乡的泡桐树花盛开的季节,我又一次回到了这个位于渭北平原的小村子。

其实,回家已经成为一年多来的常态,这缘于去年泡桐树开花的季节,老父亲因第二次脑出血住院抢救治疗,真正意义上成了一个生活上完全不能自理的病人。刚开始回家是因为要照料病人,要在医院值班守候;后来父亲出院了,回家是不放心老父亲的身体;再后来回家纯粹就是为了思念,尤其是老父亲对儿女的思念之情,每每在电话里听完他的诉说,我就恨不得立马买上机票回家好好陪陪他老人家。

这次回家,在今年已经是第三次了,元旦、春节和五一。每次回家都感觉老父亲的气色好了许多,身体虽不方便,但借助电动轮椅他也可以随意在户外田间的马路上溜达,言语也能够清楚地表达自己的思想了。这一切都归功于他对生命的热爱,归功于家里兄嫂对他的照料,归功于我们家简朴而淳厚的家风。

我们家是祖祖辈辈出孝子的。记得小时候,父亲给我讲过我们的先人里曾有人割取自己身上的一块肉煮给即将离世的母亲吃的故事。我的爷爷辈弟兄三人,他们相互扶持,孝敬老人,互亲互爱。记得父亲讲得最多的是二爷每天挑着饸饹担子起早贪黑地来往于周边的各个集市上,晚上回来的时候,总是要给自己的母亲买一个白馍揣在怀里的故事。

至于我的老父亲,那可真是个大孝子,正当而立之年的他在宁夏平罗商业战线事业如日中天的时候,由于爷爷突发中风导致半身不遂,他毅然决然地放弃了国家干部的身份,放弃了能吃上商品粮的城市户口,带领一家四口(父母和我的两个哥哥)回到了农村,开始了后半生的农民生活。虽然后来他因为有文化在乡政府工作多年,但农民的身份始终没有改变。

现在父母老了,是我们该尽孝的时候了。两个兄嫂把父母伺候得妥妥帖帖的,尤其是我二嫂,每天不分昼夜地守候在父母身旁,照料着他们的饮食起居,为老父亲端屎端尿,让人感动。在良好的家风传统中,我们家的下一代也都个个孝心可表。

家乡的泡桐树花盛开了,它艳丽、芬芳、惆怅、深情,开在那遥远的村庄院落、坡坡岭岭,也开在我心里……

田满潮,国网银川供电公司党建工作部新闻宣传专员、新闻摄影编辑、宁夏摄影家协会理事、宁夏艺术摄影学会副会长、银川市摄影家协会理事、银川市金凤区摄影家协会副主席,曾获宁夏第九届摄影艺术展一、二、三等奖。

忆 别 离

卢佳瑶

依旧是晚上11点多的火车,爸爸开车送我去火车站,沉甸甸的行李被搬上了车,我也磨磨蹭蹭坐进了车里。因为是夜里,路上的车很少很少。和平时一样,车里坐着爸爸妈妈和我,可是我却觉得很挤很挤,是各自的沉甸甸的心事挤满了空间。

一路无语,别离前的伤感让我不想说话,随手放些轻快的音乐,然而此刻,这些优美的旋律却变成了一道道紧闭的门,将各自的心事锁得更紧。爸爸突然开口:"我和妈妈现在就是把你一次次地从车站接回来,又一次次地送走。"我突然想起龙应台的一句话:"所谓父母子女一场,只不过意味着,你和他的缘分就是今生今世不断地在目送他的背影渐行渐远。你站立在小路的这一端,看着他逐渐消失在小路转弯的地方,而且,他用背影告诉你,不必追。"我想,爸爸妈妈此刻的心情一定和龙应台说出这句话

家的故事
family story

时候的心情一样吧,这一次又一次的目送让他们失落,让他们不舍。

坐在候车区,缩在妈妈怀里的我惊奇地发现,妈妈的臂弯已经装不下我了。我正在发愣,是从什么时候开始,我习惯的怀抱变得这么瘦小。妈妈突然开口:"妈妈现在看你,心里眼里还是你三四岁时候的样子,圆圆的脸。小时候你放学了,远远地和一群小朋友走过来,我一眼就能认出哪个是你……"我只是静静地缩在她怀里,为了不让眼泪流下来,一个劲地忍着。

火车进站了,我要走了,也终于要走了,离别太难挨!转头看着爸爸的侧脸,我已经长得快和他一般高了,藏在眼镜后面的眼角有了皱纹,镜架将耳边的碎发压进去了一个印子,有几根向上,几根向下。我长高了,爸爸却老了。拥挤的人群把我推向站台,我提着箱子上了车,透过车窗,看见爸爸妈妈正在望着我这边,我向他们招手,他们马上挥手回应,我把脸贴在玻璃上望着他们:油黄色的灯光下,他们并排站着,一向教育我站姿要挺直的妈妈现在却耷拉着肩膀,可怜巴巴地望向我这边的窗子,旁边的爸爸看看妈妈,又转头看向我。车开了,他们依旧没有离开,呼吸在深冬的寒冷中变成白色的水汽。我还是使劲使劲地忍着,但是终于忍不住,眼泪扑簌簌地掉了下来。他们的身影越来越小,但在我心里越来越大,我不顾旁人地哭了出来……

这就是我记忆深处与父母别离的场景。我是一个感情特别细腻的人,所以我讨厌这些人生中一次又一次的别离,但正是这些内心深处的别离记忆,才让我更加懂得珍惜,珍惜与家人在一起的时光。距离可远可近,但是爱,一直都很近。

卢佳瑶,共青团员,国网银川供电公司永宁县供电公司抄表班班员,曾获宁夏电力公司优秀共青团员等荣誉。

爸爸,来世我还要做你的女儿

张 鑫

每天晚上临睡前,我都会到爸爸的房间,轻轻地叫他一声,然后再走进去摸摸他,问问他还有事吗?爸爸总是一如既往坚强温和地对我说:"没事的,明天你还要上班,快去睡吧!"爸爸这辈子的笑容实在是太温暖,从不愿拖累子女,以至于我现在如此的难过。

和爸爸住了这么多年,早已习惯每天都看见他,每天坐在他面前和他说会儿话,他就那么静静地看着我,听我诉说我的喜怒哀乐。我知道他在陪伴着我,无论我说什么做什么,他总和我说,看不到我的归宿是他最放心不下的,总告诉我:"要坚强,没什么的,坚持不下来就别委屈自己,爸爸可以养你,帮助你,资助你。"

2014 年医院就宣布爸爸做不了任何手术,也就是说,他只能承受疼痛,无法改变,只能靠毅力靠药物去维系。紧接着 5 月底爸爸就大小便失

禁,做了造瘘,后来就是肢体无知觉,老是肿疼,听力智力严重下降。他怕以后会不认识我,早早就告诉我好多的事情,我总是不理他,总是说:"爸爸,你要坚强,我们一定会好的。"他总是用无比依恋的目光望着我,也不说话,我知道他在心里舍不得我,在为我坚强地忍受着病魔带来的痛苦。他这辈子的爱全给了我!

去年7月,爸爸开始肺积水,导致右肺丧失功能,左肺被严重压迫,无法呼吸的窒息感让他痛苦不堪。他依然和手术后麻药消失时一样,任何痛苦都默默承受,不吭一声。每一次穿刺抽水,都是用十几厘米长的针从后背刺进去直到胸腔,这样的治疗几天就得一次,爸爸背上全是针眼。医生不止一次地说,他实在是太坚强太坚强了。在这种情况下,他依然支撑着,等着我每天下班后去他房间看看他,等着我带他去医院……

今年3月他出院回到家,我摸着他瘦骨嶙峋的肩,忍不住泪流满面。他握着我的手,怜爱地看着我说,再不住院了,没有用,不想再受那个罪了,让我多陪陪他,让我一定找个好的归宿,别一个人孤独到老,他不放心我。那时的我已经泪流满面,而我并不知道,我们在一起的时间只剩下四周。5月18日,也就是他走之前的几个小时,我却没能在他身边陪伴他。5月19日凌晨,他大口呕吐时,我握着他肿得发亮的手,看着满头大汗的他,心疼得直掉眼泪。我急急忙忙地要送他去医院,他一阵艰难地咳嗽后,虚弱地对我说:"不去了……"断断续续拉着我说:"爸爸太疼了,解脱了好。"我好后悔当初强行和妈妈把他搀到车上,送他到医院。当医生帮他做心肺复苏抢救时,当人工复苏机在他身上一遍遍打过时,我才知道什么是真正的心痛。我用脸去贴他温热的额头和脸颊,握着他温暖的手,任眼泪肆意流淌,喊着"爸爸、爸爸……"。

据说人最后消失的是听觉,我不知道爸爸听见我喊他没有,我就这么抱着他的头，握着他的手，直到他再也感觉不到我的温度……

爸爸走后，有些以前我不相信的东西现在很愿意去信它。在火化炉前，在墓地前，我告诉自己，这些都只是肉身和皮囊而已，爸爸的灵魂早已毫无痛苦地离开，也许就在我周围，看着这一切。我相信，爸爸会永远和我在一起，因为他曾经用生命爱着我！

我爱你，爸爸！来世，我还要做你的女儿！

张鑫，工程师，国网银川供电公司营销部计量室资产管理员。

传家风家训　铸敬业情怀

李　扬

总会有那么一两句话萦绕在耳边，谨记在心头，每每想起，始终如明灯般给予我们以指引，不断燃起我们破浪乘风的斗志与勇气；总会有那么一两件事铭刻于心，在迷惘惆怅时指引我们前行的方向，重新舒展我们紧锁的心扉。这就是家风，是家庭给予我们每个人的精神财富，是我们成长的印记和家庭文化道德素质的传承。古有仁义礼智信，今有勤孝谦和思，家风通过积淀与传承，在家人的关爱与期盼中，使人终身受益。

我很自豪，我的父母都是党员，父亲是一名水利工程师，母亲是一名人民教师，他们是我人生的启蒙导师，他们用自己的一言一行营造了崇德向善、勤勉治业、爱岗敬业、勇于担当的良好家风，成为我弥足珍贵的精神财富。

崇德向善　勤勉治业

"忠厚传家久,诗书继世长。"修身养德是家风里的核心内容。我的母亲对我影响很大,生活中时常教导我,为人处世要知感恩、明礼仪、尽忠孝,正如她自己的立身做人之道——"以文化人,勤勉治业",这份精神感动我至今。

常记起母亲下班后在家里备课写教案至深夜,年幼的我总是拖着瞌睡的眼神看着她,内心充满了埋怨。我总是不理解,同样的课程和内容,为什么总是一遍遍地备注,一遍遍地比对和修正。渐渐我长大了,上学了,工作了,才晓得那就是兢兢业业,那就是千锤百炼。我的母亲获得了很多自治区级、市级优秀教师荣誉,她常说:"这些都是学生和老师们对我的信任,被人信任是一种莫大的荣誉,是对我工作最大的认可。"就是在这些认可下,母亲坚守着自己的信念:爱岗敬业,履职尽责。

我的母亲用精益求精的工作态度与精神诠释了一种工匠精神,春风化雨,感动着我,润泽着我,激励着我,成了我最宝贵的家训;也正是这样的家风,时刻指引我,崇德向善,勤勉治业,爱岗奉献,追求卓越。

爱岗敬业　勇于担当

"知责任者,大丈夫之始也;行责任者,大丈夫之终也。"责任与担当,是家国情怀的精髓所在,也是父亲教给我的无字家风。我的父亲虽平凡朴实,却一直是我最敬佩与崇拜的人,他始终以心会友、以德交友、以仁助友。父亲不仅是家里的顶梁柱,在工作中他还是一位值得我去学习和尊敬的劳动者。

记得我还上小学的时候,青铜峡突降暴雨,引发特大洪水,父亲连夜赶往现场检查渠道情况并组织抢险,经过一夜的努力,终于遏制了洪灾的扩大与漫延。记得那时候镇上的交通还很不便利，出行连摩托车都很难前行，更没有大型抢修机械，在风雨交加的深夜，我简直无法想象父亲经历了多少困难和险阻。时至今日，我始终记得这件事，与父亲促膝长谈聊起时，他只是笑笑说："我是党员哪，还是单位的负责人，我不上谁上，必须要上。"正是身为党员的父亲，这份勇于担当、敢于直面困难的精神，感动着我，润泽着我，激励着我，要我爱岗敬业，勇于担当。

父亲时刻以身作则，成了我最好的榜样。参加工作后，父亲的这份精神无时无刻不在提醒着我：做事要实事求是，兢兢业业，精益求精；困难面前要主动作为，迎难而上，坚韧不拔；面对急难险重任务，要挺身而出，勇挑重担，敢于担当。

不忘初心　砥砺前行

"身是菩提树，心如明镜台；时时勤拂拭，勿使惹尘埃。"良好家风的养成与修身养性一样，都是一个久久为功的过程。我们时常会停下来审视自己，是否依然在向最初的那个方向前行，我们需要再次沉淀初心，继续起航。

父亲用四十年的风雨兼程践行着水利人"献身、负责、求实"的精神，将他的一生投入到了水利建设事业中；母亲则把她的整个青春奉献给了她挚爱的三尺讲台，用爱和责任诠释了"修身立德、为人师表"的教师魂。他们以德立家，传承着良好的家风家训，是我人生的道德楷模；他们讲党性、重品行、做表率，是我作为党员的学习标杆；他们不忘初心，砥砺前行，不断指引、鼓励和督促我奋勇向前。

崇德向善、勤勉治业、爱岗敬业、勇于担当的家风，始终指引着我自觉践行诚信、责任、创新、奉献的核心价值观，勤勤恳恳做事，兢兢业业履职；激发着我要时刻发扬努力超越、追求卓越的精神，加强"信仰之修"，熔铸

"信念之魂",补足"精神之钙"。

在未来的工作和生活中,我要进一步立足岗位,不断提高专业素养,拓宽眼界视野,怀揣尽职尽责的决心和争先创优的进取心,在细节上一丝不苟,在标准上精益求精,力图站得更高一些,看得更远一些。

传家风家训,铸敬业情怀,我将为企业的发展贡献自己的青春力量!

李扬,中共党员,工程师,国网宁夏电力有限公司监察部党风廉政建设与纪检监察管理专责,曾获国网银川供电公司先进工作者等荣誉。

家的故事
family story

孩子你是我的最爱

朱 茜

捧起你的小脸

那双盈满笑意的眸子

闪烁着狡黠的光芒

圆嘟嘟的小嘴总可以碰撞出惊人的话语

词汇是丰富的　思路还算清晰　时不时还来点小幽默

凝视你的身影　蹦跶着小小的脚步

挥动着小手轻快地跑来

张开双臂用力地拥抱

这就是全部　再没有什么比这更幸福的感受

你身上顽皮的元素越来越多
有时候气急了真想狠狠地揍你一顿
一句"妈妈我爱你"又把我的心融化
你说爱就要搂紧
那就用尽全力假装时间停住

你的专注力很好
拼拼图　摆积木　画画　看绘本
外界再大的声响都惊动不了认真的你
我暗暗压制激动欣慰的心
默默地看着你　不去打扰

三岁是一次重要的转折
想把所有最好的都给你
拼尽全力培养一个优秀的你
但发现我根本追赶不上你成长的脚步
那不如　慢下来
倾我所能　给你最好的陪伴
其他的　由你来完成
好吗

朱茜，中共党员，工程师、技师，毕业于华北电力大学，国网银川供电公司党建工作部专责，参与完成的管理创新成果曾获国家电网公司三等奖，取得国家专利1项。

家的故事 family story

家和万事兴

杨 明

孝敬父母

有种感情与生俱来,有种责任无法推卸,这就是亲情。父母时时刻刻在牵挂着自己的儿女,而儿女们则往往在父母不在世时才想起应该要好好孝敬他们。

时光在一年一年地流逝,我们的父母也在一天一天变老。他们的脸不再像以前那么有光泽,他们的动作变得不再像以前那么灵活敏捷,他们做的饭菜不再像我们年轻时吃起来那么可口。也许在你面前,他们变得有些唠叨,但此刻,让我们静下心来仔细端详我们的父母,岁月无情,他们已经老了!是啊,人世间最难报的就是父母恩,我们应该花多点时间陪伴父母,应该在父母老去之前多为他们做点事情。

树欲静而风不止,子欲养而亲不待!人到中年时,为自己的家庭、工作,儿女的生活、学习,不停地劳苦奔波;等到人生之秋时,可能才会想起自己多年来对父母的疏远是多么的不应该。

俗话说:"要知亲恩,看你儿郎;要求子顺,先孝爹娘。"在我的印象中,父母几乎没有去过什么地方旅游,甚至连飞机也没有坐过。想起刚参加工作时,我在父母面前信誓旦旦地承诺,每年都会带父母去外面旅游,好让辛苦一辈子的爸爸妈妈享受享受,可是现在我都已为人父,当初的诺言却迟迟没有兑现,心中的自责和愧疚就像洪水一样涌上心头。

相互关爱

家庭是我生活的核心,在琐碎的生活中,我深感和谐家庭的重要性。家是幸福的归属,家是温柔的港湾,只有做到家庭关系和谐、家庭成员相亲相爱、家庭生活文明,才能使家庭美满和谐。在这个和谐平凡的小家里,我们看到的是孝敬父母、事业上的成就、工作上的进步,每个人都在努力实现着自身价值。他们用自己的实际行动,努力维护着小家庭的幸福。

我的妻子是一名小学老师,女儿今年正面临高考。夫妻和睦是家庭和谐的基础,我作为家庭的主要成员,虽然工作很忙,但是非常支持妻子。工作上,我们互相鼓励、互相帮助;生活上,我们互尊互敬、亲近和睦。在家庭生活中,我们崇尚男女平等,不做相互伤害的事情,夫妻之间同甘共苦、同舟共济、共渡难关、不离不弃。在妻子的带领下,我们全家经常坐在一起谈心得、说体会,形成了良好的家风。

教育孩子

家风对一个人的成长非常重要。家风是一种父传子,子传孙,子子孙孙相互濡染的氛围,是通过日常生活影响家庭成员的生活习惯、思维方式

家的故事
family story

的无形力量。家风对孩子是一种无言的教诲、无字的典籍、无声的力量,是最基本、最直接、最经常的教育。

孩子是祖国的未来,家庭的影响很有可能影响孩子的一生,所以良好的家风对我们来讲很重要,每个家庭都应该形成良好的家风。

女儿今年面临高考,看着考试时间一天一天地临近,孩子心里的压力越来越大。为了缓解压力,我和妻子一起参与到女儿的学习当中,帮助查找相关资料,制订学习计划,并在适当的时候主动和孩子沟通,了解其想法。在一段紧张的学习之后,家里总会通过各种娱乐方式缓解一下孩子的学习压力,让孩子感觉到在这一非常时刻,并不是自己一个人在孤军奋战,还有家人的关爱在为自己加油。

杨明,技师,国网银川供电公司运维检修部变电运维室运维三班值班长,曾获银川供电公司先进工作者等荣誉。

家风篇

仰视我的父亲

雷宏波

我的父亲是1937年出生的,是一名转业军人。当兵的生活我真的是不知道,但是我知道他是如何做好一个父亲的。

忽然间想起我的父亲今年80多了,要在父亲有生之年写段文字,念给他听。

很小的时候,每年夏天父亲都会带我们到十几公里外的园林场去打沙枣,他的装备就是一辆大永久自行车,还有几根竹竿、几根布条和一大块儿塑料布。车子前面带着我两个弟弟,我坐在后面。到了以后,父亲在树下铺好塑料布,我们三人在上面坐下,吃着饼子喝着水,父亲把几个竹竿绑在一起,接成了一个长杆开始打沙枣,我们就在塑料布上捡沙枣,玩尽兴了,父亲又带着我们骑车赶回家。第二天,我们会把这些沙枣分给同学们吃,分给邻居亲戚们吃。我们只记得那是快乐的郊游,却从未想过父亲

家的故事
family story

的辛劳。后来隔壁的叔叔也要跟父亲一块儿去,那年夏天他去了,前面带着他儿子,后面载着他女儿,结果去了一趟以后再也不去了,说太累了,而父亲一直坚持了好多年。

父亲的工作,有时候要到山里去送货。如果车上有空座,他就会带我或弟弟去。趁司机卸货的工夫他会带着我,指着对面的山,让我大声地喊,至今我还记得声音回荡在山中那种奇妙的感觉。单位到黄河边去劳动,他也带上我,告诉我黄河怎么拐弯,还吓唬我黄河决口了,让我快跑,我匆忙跑着离开时,回头一看父亲正站在河边大声地笑着。

有亲戚在粮库开车,父亲就求他啥时去银川把我们几个带上,去看看中山公园、迎宾楼、新华街。于是有一次,我们就坐上卡车到了银川,我只记得一路呕吐,但也知道了什么是迎宾楼,什么是迎宾楼的好吃的,也多了一种对银川的向往。

那个年月,我们不知道什么叫旅游,但父亲却带着我们游了很多地方。

每年的端午节、中秋节、腊八节,我们总能吃上自己家做的应景食物。端午节我们吃到了父亲包的粽子,中秋节我们吃到了父亲打的月饼,腊八节我们又吃到了由十多种原料做成的软软糯糯的腊八粥。至今仍记得有一种叫红茶菌的东西,夏天到了,当我们冒着酷暑回到家的时候,喝着凉凉的酸甜的茶水,那味道至今还记得。

六一儿童节,我的红缨枪是班里最漂亮的。父亲先把样子做好,全部刷上了银色的油漆,然后用红色的塑料条斜斜地旋转在上面,还做上了红色的璎珞,所以我的红缨枪是最美的啦!

弟弟三年级的时候,父亲不知从哪里弄来一本围棋书,他想让我们也学围棋,可是跑遍了整个县城也没有买到围棋。父亲从旁边轴承厂那里捡到了一些小圆铁片,一部分涂上白色的油漆,一部分涂上黑色的油漆,棋子做够后拿两个小盒装上。在父亲的引领下,弟弟先后学会象棋、军棋和围棋。父亲还把他在部队里学会的吹笛子和吹口琴的技艺教给了弟弟。现在有时候看到弟弟吹着口琴给女儿伴奏唱歌的场景，我忽然感觉这就是父亲的影响。如今弟弟对自己孩子的那份呵护，那份陪伴，就是来自父亲的言传身教。

记得上小学的时候，父亲不顾母亲的反对买了一个电子管收音机，那可是个大家电呢。收音机带给我们的快乐太多了，那时的我们，每天中午吃饭的时候就能在"蚕豆皮鞋咔咔响"和"上回书说到"中懂了些天文地理和历史人文知识。

小时候，每天早晨6点多，总有城郊的孩子大声喊着"苦苦菜"叫卖，父亲常出去，用5分钱买两个已经烫好的苦菜团子，他说这些孩子卖完还要赶紧上学呢。我装修房子时，父亲告诉我，别和受苦人讨价还价。房子装好后，买了花往楼上搬，我刚和师傅还价，儿子就在旁边说："不要和受苦人讨价还价。"我吐吐舌头，尴尬地笑了。

那个年月，我们尽管不知道什么叫作素质教育，但其实父亲已经让我们有素质了。

生活中随便想起一件事，都饱含父亲对我们的关爱。

父亲的单位女多男少，重活脏活父亲干了很多，但从未听他抱怨过，因为在他眼里，生活是那么美好。"现在的生活是最好的啦！""别给我买衣服，衣服穿都穿不完"是他的口头禅。

回首父亲与我们相伴的日子，我真切地感到，一个父亲，就算他一辈子没给你讲过一道题，查过一次作业，但他的品行将影响你一辈子。

雷宏波，中共党员，宁夏天净元光电力有限公司设计公司办公室主任。

家的故事
family story

一个传承爱的地方

魏 云

有一个传承爱的地方——我家。我的家严肃又活泼,严肃的是父亲,活泼的是母亲,调皮的是我,安分的是姐姐。只因姐姐是猪年出生,一直被我冠以"猪姐"的美誉。我们在爱的风雨中走过了几十载。

父亲的严肃那是"威震四方"。在单位,他手下的工人们背后给他起了很多诸如"包公""铁面"等的外号。当年,他总是黑着面孔带着一票人在荒山野岭中为祖国找石油,虽比不上"铁人"王进喜,但他们这几十号人也绝对称得上是"硬汉"。为了完成任务,他们没白天没黑夜地干。老爸专治懒散,只要他一个眼神,大伙儿就麻溜儿地去干活。常听老爸说,那时的打井真叫一个苦,没有什么好设备,更别提高科技了,全靠这些铁汉一下一下地用汗水人工打井。大冬天,荒滩上北风吹得脸如刀割,大伙儿的手不是裂口就是长冻疮,脚丫子肿得跟馒头似的。即便这样,他们白天干的那是一腔热血,热火朝天;可当夜幕来临,便是他们最难熬的时候。没有房子,只有大风一吹就倒的帐篷,为了取暖,大伙儿在地上挖个土坑,睡进去把帐篷一盖,然后在帐篷上压些土,防止"连人带被"被风卷跑。夏天晚上睡觉还得想办法防狼防豺。那段岁月真是父亲这辈子最难忘的,也正是因为有这样的父辈,才有了祖国石油工业的今天。他们是祖国石油工业的先行军、探路者,也是牺牲者。为了石油,在我儿时的岁月里,父亲一年才回一次家。从我记事起,父亲回家我和姐姐都喊他叔。他第一次给我们带回几个苹果、香蕉和梨,那滋味我这辈子都忘不了。为了弥补我们,父亲过年回家必定带着好吃的新鲜玩意儿。

上小学的我调皮捣蛋那可真叫一个绝,爬墙上树,无所不能,当着女飞贼的同时个头儿疯长。小学三年级的夏天,父亲去延安出差,托人给我捎回一条浅绿色花裙,别提多漂亮了。我欣喜若狂地往身上套,才发现只能塞进一只胳膊,好不容易勉强套上,一使劲,拉链坏了,惹得母亲哭笑不得。我知道母亲很难,说实话,一个没有男人在身边的女人,拉扯两个小孩真心不容易。只可惜我们姐俩明白这一点太晚。

随着年龄的增长,父亲回家后越来越"啰唆",他对我和姐姐的学习要求可谓"刻薄"。成绩不是双百就挨罚,罚站、罚不给吃饭,直至我俩上大学,他都要"远程监控"我俩的学习。好在上班了,他不再管我们成绩,在欢天喜地地庆祝"解放"后,我竟有丝失落。父亲不善言辞,不苟言笑,但我相信,没有他,肯定没有我和姐姐的今天。他的"苛刻"看似过分,但那是他爱的一种独特方式。

严父都有一颗仁慈温柔的心。有年冬天,我那不安分的脚丫子动了手术,过年前父亲陪我出院回家,硬是将我这庞大的身躯从一楼背到五楼。当时我突然觉得自己真不懂事,不让父母省心,也第一次发现,父亲老了,每上一层楼就气喘吁吁。我要下来,他不让。回家后,他自制了简易吊绳,

家的故事
family story

把我的脚吊得高高的,说那样脚不会肿到变形。臭美的我一颗悬着的心终于落下来。父爱如山,如今的我越来越确信这一点,发现对父亲的那份依赖不曾减退,只是对父亲的理解来得太迟。

这么多年,我最感谢的就是母亲,那个生我养我的可爱女人。母亲是地道的陕北人,开心的时候能唱一段信天游。我上幼儿园那年,父亲带回来一个"高级货"——录音机,带两个大喇叭,同时还带回来很多盒磁带,从此,家里经常充斥着陕北民歌和当代流行音乐。我爱音乐,更爱唱歌,这与小时候的这种"早教"分不开。关于母亲的文字我以前写过,但是自从有了自己的宝宝后,感同身受,终于能真切地体会到做母亲的不易。如今,母亲当了外婆,对外孙的那份疼爱更是让我自叹不如。为了让我能睡个好觉,母亲陪孩子睡觉,自己则一次次起夜为孩子盖被子;为了让我能安心上班,母亲犯头晕病时从不给我打电话,自己吃了药硬挺着。这些事儿让我觉得愧对母亲,我欠母亲的太多却又无以回报。

从记事起,母亲便是我们的天,是我和姐姐的避风港,是家里最坚强的那棵大树,我们谁都离不开她。记得高一那年父亲做肠道手术,在新市区的一家医院里,母亲担心医院伙食不好,天天从老城倒两趟公交车去医院,从城东到城西,差不多跨越了整个银川市。一天一个来回,回家还要为我们姐俩准备晚饭。父亲心疼母亲,不让她去,她怕刀口长不好,倔强地伺候了父亲一个多月直至出院,连邻居都对她赞不绝口,夸她刚强。每每此时,母亲总是一笑而过,她骨子里透出的刚毅让我们觉得那都不是事儿,就算扛着煤气罐从一楼至五楼,她都从不叫人帮忙。每每此时,我多希望父亲能在身边,能帮他的女人分担些。

母亲长了一对甜酒窝,一头自来卷,天生的美人胚子,一笑起来跟洋娃娃似的,高兴时还会扭秧歌,做鬼脸,但是严厉也是出了名的。同学晚上从不找我出去,知道那是不可能的事儿,大伙儿都知道我有个"虎妈"。男同学给我家打电话都得捏着鼻子装女声,都知道母亲是个老传统。父亲母亲的朴素也是出了名的,从不舍得买新衣服,除非我和姐姐先斩后奏,买了后摆在他们面前,然后再等着被教育。实不相瞒,我上大学穿的毛衣出自母亲之手,我高中时还穿着母亲缝补过的袜子。高考时,我穿着屁股上带俩补丁的校服裤,被同学们美其名为"身后的眼睛",而我总是快乐得无所谓。我很感谢我的父母,没有让我变得虚荣,让我朴实快乐地度过了自己的学校生涯。我从没有因为这些而烦恼过。

最后我想谈谈"猪姐"。我想说,没有她就没有我的今天。我的姐姐学习踏实勤奋,可我总是凭着天资超过她,在家耀武扬威,从不把她放在长女的位子上。可是初中三年,她的小宇宙爆发了,中考考了全区第一,一下子把我震懵了,我也开始玩命地追赶她。我这点小心思总逃不过她的法眼,那个暑假,她绑架似的帮我补习,早上看着我背单词、背古文,下午检查作业。虽然我还是那么骄傲,但是一想起她的第一名,我就像打了鸡血一样。为此,我感谢她,我如愿考进了高中重点班。上大学时,她在山东,我在上海。相隔两地,她几乎两天给我打一次电话,唐僧似的千叮咛万嘱咐:找男朋友要擦亮眼睛,别上当。我很感谢她时刻担心我的安危。虽然如今成家的我们仍相隔两地,但我们同年生了宝宝,一起分享迎接新生命前前后后的精彩故事。都说长兄如父,我想说,长女如母,感谢母亲为我生了姐姐,让我的人生多了一份牵挂,更多了一份温暖和幸福。

没心没肺了那么久,终于借机一吐为快。我那敬爱的父亲、母亲和姐姐,让我们都继续在爱的跑道上勇往直前!你们的健康快乐,就是我最大的心愿!

魏云,工程师、技师,国网银川供电公司永宁县供电公司营业班业务接洽,曾获得银川供电公司优秀团干部、"十佳"服务之星、优秀工会积极分子等荣誉。

家的故事
family story

用爱谱写真情

王苹

幸福的定义有许多种，但在我心中，幸福是一家人在一起时的欢声笑语，是父母健在、儿子快乐健康的成长，是说走就走的旅行。但这样的幸福有时就如同天空中划过的流星，美丽而短暂。

几年前的一场意外，让原本美丽的一切变成了无法想象的场景，丈夫的残疾使这个家不再温馨，从此外出旅行、看电影、吃饭都变成一种奢望。多少次眼泪打湿衣襟，多少次劳累得头晕目眩，但看看年幼的儿子，自己又赶紧调整情绪，因为我不能倒下，为了这个家，我必须有个好身体，只有如此，这个家才能好起来，才不会散。

日子不会因为你的快乐或悲苦而停止它前进的脚步，在这期间受过多少罪、吃过多少苦，已经记不清楚，一直以来都有一个信念在支撑自己："只要他在，儿子在，家就在！我们一家人就有希望！"

每天早晨,我就如同打仗一样,很早起床,给丈夫导尿,帮他起床、洗漱,一日三餐变换着花样,定期给丈夫洗澡。为了不让丈夫的肌肉萎缩,我学会了一整套的按摩手法,一天天、一年年地坚持下来,我的手腕已落下病根,但看着丈夫慢慢恢复的身体,儿子健康地成长,这些苦累又算得了什么。不离不弃、患难与共、相依相伴,几年如一日,风里来,雨里去,我精心照顾着这个家。有时我都不敢相信,如果说我坚强,不如说我更乐观。"不抛弃、不放弃、不离弃"的信念让我走到了现在。

除了照顾好丈夫孩子,我还要抽出时间照顾患乳腺癌的母亲。在那段时间,单位领导给予了我很多照顾,使我没有后顾之忧,能安排好家中的一切。去医院陪伴照顾母亲,再去另一家医院给母亲拿抗癌药品,为了不让母亲留下遗憾,我与家人商量后带着病重的母亲外出旅行。作为女儿,我做到了不留遗憾地送走心爱的母亲。后来,重心又回归到了工作和家庭中,不能说我不疲惫,只能说我总有一股子劲,逼迫自己坚强地走下去。

此刻的我只想说:生活再苦再难,也无非如此!我要像一缕阳光,既要照亮自己,更要温暖这个家,让生活无忧无虑,牵挂着,惦记着,幸福地存在着……

王苹,中共党员,国网银川供电公司运维检修部配电运检室带电作业班员,曾获得银川供电公司三八红旗手、优秀共产党员等荣誉。

感恩父母

谢 宇

也许我们这代人还是延续了父辈们的含蓄和不懂表达,就像大多数的爸爸,想要亲亲你,却只是拿胡茬蹭蹭你的脸,总把你惹哭。

爱太重,言语太轻,那么还是写下来吧!

亲爱的爸爸妈妈,从我呱呱坠地,到咿呀学语,到第一次松开你们的手蹒跚学步,第一次背着书包去上学,第一次离开父母去远方……很多的第一次,我都带着期待与好奇,离开父母的怀抱去探索、去尝试,总是把背影留给你们,却往往忽视了这无数的第一次中,你们为我付出的精力和倾注的爱。回想起来,上学那几年几乎每天一个的长途电话,电话里是一遍遍对学业、对生活的叮嘱,还有那句亘古不变的"吃了吗,吃的什么"的话。当时很不耐烦的话语,现在却觉得温暖极了。

现在的我越来越意识到你们给予我的是那样多,在我成长的道路上,因为有你们在,我不用担心难过时找不到去处,我也不用担心遇到困难时找不到肩膀去诉说。

我见到过孤苦伶仃的人,所以我感受到了你们唠叨背后的温暖;我见到过身体不健全之人的困苦,所以我庆幸你们给了我健康的身体;我见到过无家可归之人的可怜,所以我感谢你们给了我一个温暖的港湾;我见到过的那些令人心酸的画面,也使我无比庆幸自己有你们。尽管你们不善言辞,教育的方式也总很生硬,虽然我曾经抗拒,和你们顶嘴吵架,但是随着年龄的增长,工作结婚生子后,我以前那些自以为是的观点也慢慢发生了改变,从原来的不解、生气、厌烦到现在的尊重、懊悔、感恩,我无比庆幸有你们的包容与陪伴。

亲爱的爸爸妈妈,现在和以后的日子里,我也会好好陪伴在你们左右。

谢宇,中共党员,技师,国网银川供电公司营销部综合室用电检查班员,曾获银川供电公司先进工作者等荣誉。

家的故事
family story

从小处着眼 从点滴做起 树良好家风

杜凯伦

俗话说得好:无规矩不成方圆。每个家庭都有自己的家训、家规、家风,每一个家长都会以自己体悟出来的处世之道教育自己的孩子。家是孩子成长的第一空间,在孩子身上处处烙有家风的印记。可以说,良好的家风就是文化和道德的言传身教,就是智慧和处世方略的潜移默化。

我作为一名6岁孩子的父亲,以前,儿子吃东西总是喜欢挑肥拣瘦,见到合口味的,无节制地使劲吃,平时怕吃粗纤维的食物,尤其是芹菜、白菜、胡萝卜;穿戴呢,拣新的、好的穿。教育孩子时,我时常是没有办法,十分头疼。

后来好了,我和孩子的母亲经过商量,一起找儿子开了个家庭会议,订立了家规,让他从心里真真切切地感受到惭愧,觉得自己挑剔吃穿是不对的。儿子现在吃饭时,见到青菜萝卜也吃得津津有味。而且,儿子的体质一天天增强了,长得也高了,人也壮实了,穿衣服也不讲究了,只要干净整洁就行。我们做父母的看在眼里,喜在心头。

是的,对于孩子的家庭教育一定要讲究方法。事实证明,良好的家规家风会给家庭成员的言行、品质、意志的养成带来好的影响,会给家庭各成员之间的和谐相处、互相体贴增添许多有利因素,会使家庭成员在各自的工作岗位上倍加敬业,为社会、为国家多作贡献。

让我们携起手来,共同树立良好的家风,通过身体力行,践行我们各自的家规家训,培养自己和孩子做人做事的良好习惯,刻苦努力,奋发向上,健康地、幸福地生活、学习和工作。以小见大,从小处着眼,从点滴做起,树立起良好的家规家风,让家训、家规、家风不仅成为对后代的殷切希望和努力鞭策,而且使之成为中华民族优良品德的传承之风。

杜凯伦,中共党员,工程师,国网银川供电公司党建工作部新闻采编,新闻宣传报道、摄影作品多次在公司系统内外发表、获奖。

家的故事
family story

如春风般培育我的她

徐 航

和我比较熟、接触过我妈的人好像都比较羡慕我有这么一个妈妈,可我印象里好像她和别的母亲没什么区别啊!就这么琢磨了几天,嘿,我发现还真是不太一样。

老妈是一个有趣又有个性的人。她是一个狂热的丝巾爱好者,去哪儿都爱戴着丝巾,每次出去还都不一样。出门前还会象征性地问我一句好不好看,我如果认真地给她建议,比如说如果戴另一条会更好看的话,她就会一本正经地说"你不懂得欣赏,你审美不行……",如此云云。所以到后来,我统一了口径,"好看好看好看"。当然最令人忍俊不禁的是,老妈还是一个高度近视的墨镜爱好者。每次出去旅游,我看到她摘掉近似半个"啤酒瓶底子"的眼镜,再戴上她在小店里买的几十块钱的塑料墨镜,然后还装作能看见镜头在哪儿的样子做个"感觉自己美美的"造型时,我就只能在旁边以"剪刀手"附和她的造型,以免有太遥远的年代距离感。

说到个性,老妈好似一头强悍的牛,拉都拉不动,就是一个字:"犟"。于是,我俩的对话经常是这样的:

"我赚钱啦,给您买几件衣服。"

"别给我买,你买的我看不上。"

"那咱们一起去,你挑我掏钱?"

"不行,哪次我自己一个人慢慢转,喜欢啥买啥。"

"好吧,您开心就好……"

现在大家似乎都患上了"手机瘾",当年年轻一代经常上网就会被称作"网瘾少年",现在不论大人小孩人手一部手机,天天在家里"葛优躺"玩手机,倒没人再提网瘾这个事儿了,这世界变化快啊!于是乎,手机玩着玩着老妈就发现貌似需要一个充电宝。老妈经常在移动营业厅之类的地方买充电宝,有的质量也不好,最重要的是容量小还贵。我就说:"妈呀,不要老随便买充电宝了,太贵了。"结果多次劝诫都以失败告终。最后,老妈在试用了几次我的小米充电宝后,终于忍不住对我说,要不你帮我买你那种的充电宝吧,我感觉还能多充几次。我表面上面无表情,心里却还有点想笑,您终于也有听我的时候了吧。

老妈同样是个热爱生活的人,现在她最大的乐趣就是拍照。自拍啊,拍拍景物也就算了,一个景色非要连拍好几张,每次还不全留着,说是要挑张好的。这也就不说什么了,她居然还经常和老爸合照,还发家庭群里!就我们三个人的群,就不要这样"虐狗"了……这些我都能忍,最忍不了的是居然偶尔还偷拍我!还把我拍得挺帅!你说我有什么办法……

之前有段时间,我的微信头像就是在"猫的天空之城"书店,老妈趁我不注意时拍的。她自拍起来也是毫不含糊,搭配着她买的各种颜色鲜艳又

家的故事
family story

不贵的衣服，我居然感觉还挺好看的，一定是她的审美提高了，不是我的审美下降了。嗯，就是这样。

一个人的魅力不仅仅体现在这些身边的小事上，在一些行为上老妈确实值得我学习。作为药剂师，老妈在他们一帮老同学考执业药师的大潮中没有赶上早班车，等拿到证的时候也不算早了，但学西药出身的她却在两年前决定报考中药执业药师。我和老爸都对她这一"壮举"表示担心，西药都过得不轻松，更别说相对陌生的中药了。然而经常是我在六点多起床的时候，就发现她已经在书房看书了，还让我帮她下载一些教学视频、领一些试题什么的。就是在这样的一种状态下，去年她考过了。我心里是震惊的，虽然嘴上说你看过了那么多人呢，看来这考试也很"水"嘛，其实我心里知道，全宁夏每年报考的医疗系统人数有多少，这个考试并不简单。前段时间，老妈给我说她要报中药学中级职称（她已经获得了西药学副高级职称），说觉得中药学还挺有意思的。我心里给她默默点赞。

还有很多勤俭持家的例子，就不一一赘述了，想必贤良的母亲都是这样。但除了那份温柔之外，老妈给我带来的精气神与魅力值，却是难能可贵的。

这周日是母亲节，我还没想好做什么，但首先我会拉着她出去锻炼身体，带她去吃我新发现的美食，就像小时候她带我去中山公园给我买糖人一样，就像小时候她带我第一次吃肯德基那样。

徐航，中共党员，国网银川供电公司贺兰县供电公司用电检查班员，曾获中国矿业大学"创先争优"活动优秀共产党员称号。

家风故事

高 放

家风是什么？家风在中国古代是一个家族或家庭的名片。对于一个家族或家庭来说，能够拥有一张真正的名片是件光宗耀祖的事。比如，一个家庭如果获得了"乐善好施"的名片，那么这个家庭的主人就会获得一顶"大善人"的桂冠，家里其他人也都会得到别人的尊崇，走到哪里都会受到礼遇。家风不是自然形成的，好的家风都是由家族的人或者说家庭的人努力营造而形成的，其中可能付出了几代人的心血。家风是一个家族世世代代流传下来的做人准则，它可以是一句话、一个规定，无论是不是白纸黑字，家族成员都在自觉遵守、传承和发展。在我们家族中，也形成了一种家风，简单来说就是诚实守信、孝敬父母。

诚实守信是做人的第一要务，对中国人来说，诚实守信一向是我们引以为傲的美德。纵观我国的文明史，上至约束皇帝的"君无戏言"，下至约束百姓的"言必信、行必果",无不焕发着理性的光辉。孔子说过:"人无信而不立。"漫漫人生路上,你需要一生坚守的就是"诚信",否则你就失去了做人最起码的准则。诚信是一切美德的基础,是做人的基本准则,是社会公德和职业道德的基本规范。诚信,对学校教育来说是剂育人良药,对个人和家庭来说是笔无价的财富,对社会来说是和谐发展的重要前提。

百善孝为先。对我们来说,孝敬父母是力所能及的事情。吕纯阳祖师在"劝孝文"中说:"我能孝,自无逆子。子能孝,自无逆孙。绳绳克继,叶叶永昌。善孰大焉,利孰厚焉。"我自己能够孝顺父母,我就不会有那种大逆不道的儿子,我有的都是孝顺的儿女,为什么?因为我修了这个好因就会得到好果,这个道理很简单。做父母的要给儿女做一个好的榜样,能够真心地孝敬自己的父母,做得很自然,而不是做给儿女看,这样教育的效果就特别好。儿女看到父母这么做,他们也就自然而然地学会了,这叫潜移默化,也就不会成为逆子。所以说,无论是谁都要孝顺父母,这既是做人的本分,也是为日后自己的子女做一个好榜样,这就是孝。

这就是我家的家风,我从中学到好多做人的道理,也从中养成了许多好品质。这样的家风,值得传承并发扬光大。

高放,中共党员,高级工程师,宁夏天净元光电力有限公司变电建设中心党支部书记兼副经理,曾获银川供电公司先进生产者等荣誉。

不成文的家风

袁 昊

很多时候,我们并没有意识到家风在我们的生活中的影响,我们往往会忽视它的存在,这就是为什么当被问到你的家风是什么的时候,你会一时语塞,脑子中出现短暂的空白,因为不成文是我国家风家训的一大特点,并成为日常生活行为规范的组成部分。在我们家,没有什么成文的规定,大家也不会把家风这个词挂在嘴边。我认为家风并不一定要书面化、固定化,它应该是一种传承——精神与品德的传承。

俗话说:"三岁看大,七岁看老。"父母要做好孩子的榜样,在孩子面前,要有正确的是非观念。我家兄弟两个,从小无论犯了任何错,父母并不是一味斥责又不告诉我们错在哪里。教育孩子时,要让孩子勇于承认错误,要让孩子搞清楚,否则会模糊孩子的是非观念。正确的是非观念并不能使人大富大贵,但能使人端端正正地行走于社会。

家的故事
family story

孝顺父母,孝敬长辈。小孩的成长阶段更多的是模仿,模仿父母的一言一行,父母的孝顺会潜移默化地影响下一代。因为我爷爷奶奶去世得早,印象并不深刻,但父母、姑姑的孝顺却在我心中留下了深刻的印象。孝顺并不需要特别的形式,长辈更多需要的是陪伴。

"如果你个人没有一定的能力让自己在这个时代有尊严地活下去,即便你去要饭都没有人会给你,因为人家看不起你,要饭都不给你。"这就是我家不断传承的家风——自强自立。这句话也确实影响了我们一辈子,也是这句话让我更清楚地理解了人生,理解了生活。自强自立,需要我用一生去理解,去诠释。

做事勤勤恳恳,任劳任怨,要用积极向上的阳光心态去面对眼前的重重困难……家风是说不完也道不尽的,而且它也不是一成不变的。随着时间的推移,一个家的家风会被不断充实与更新。这些规矩需要每一个成员去践行,并且代代相传,如此才会使我国的传统文化薪火相传,生生不息!

袁昊,中共党员,助理工程师,国网银川供电公司永宁县供电公司运检二班员,曾获银川供电公司优秀共青团干部、安全工作先进个人等荣誉。

非学无以明志 非学无以广才

赵志钰

家庭是社会的一个小小的缩影,在家庭中,随着时间的变迁,除了家庭所积累的物质财富,还有比物质财富更加重要的精神财富,那就是家规、家训和家风。

我生活在一个普通的工薪家庭,父母都是读书人,从我记事开始就能感觉到家中崇尚学习的氛围。家里的书柜摆满了各式各样的书籍,茶余饭后,一家人也经常坐在一起看看书、读读报,谈天论事。父亲常对我讲:"非学无以广才,非学无以明识,非学无以立德。"

随着我的长大,我不再像小时候那样有那么多的闲暇时间,但是我仍然会找些空闲时间去读读书,充实一下自己。家庭的学习不需要有计划地展开什么活动,但培养家人的读书兴趣,在幽静的家庭环境里畅游书海,总能给人心情恬淡的意境,使人有所收获,有所感悟。

良好的家规、家训、家风是优良品质在家庭中的积淀和传承,是家庭留给每个成员的宝贵精神财富。古有仁义礼智信,今有勤孝谦和思,它的形成因背景而异,也各有千秋,但无论是什么样的家规、家训、家风,都在无形中影响着家人,让子女终身受益,其价值取之不尽,用之不竭。

赵志钰,共青团员,国网银川供电公司运维检修部输电运检室带电作业班员。

好家风薪火相传

李佳美

习近平总书记曾说过,"家庭和睦则社会安定,家庭幸福则社会祥和,家庭文明则社会文明"。古有孟母三迁才得以成就孟子和他那些流芳百世的文化瑰宝,当代的傅雷家书则体现出了一位父亲对自己孩子最深切的关怀与教诲。国家富强,民族复兴,人民幸福,最终都体现在千千万万个家庭的幸福美满上,体现在每个家庭的生活水平的不断改善上。

家风是每个家庭厚积的精神动力,往往承载着家庭中每个人的价值观和人生观。良好家风因背景各异而各有千秋,或仁爱宽厚,父慈子孝,兄弟和睦,邻里友爱;或克勤克俭,常怀一粥一饭来之不易之念,靠勤奋兴家聚业,讲节约精打细算;或本分做人,不为富动,尽职敬事,诚信待人。以上种种,都在无形中影响着家人,让子女终身受益。

良好家风的形成绝非一朝一夕之功,它需要长期的熏陶与积淀。我们

家的故事
family story

应该加强教育,反复训练,注重养成,让家风成为每个成员的自觉意识和行为。具体来说,可以从以下几个方面做起:

一则要有意识地去培育养成。要明白代代相传的不仅是家财和地位,更应该有内涵和精神。把老一辈留下的美好品德和作风接续下来、传递下去,这是造福当代、惠及后人的大事。接力棒在手,我自有责任,让良好家风薪火相传,发扬光大。

二则要在家庭中营造崇尚学习的气氛。古人讲,"非学无以广才,非学无以明识",知书才能明礼,学习就能升华。要让家里多一分书香气,茶余饭后,看看书、读读报、谈天论事,让家人从中得到更多的教化和启迪。

三则长者要做好传与带。家长是塑造孩子的无形力量,耳濡目染影响着孩子世界观的形成,你的穿戴、举止、观点、接人待物等,无不对孩子有着潜移默化的影响,上行下效,近朱者赤,近墨者黑,这样的道理自然人人都明白。

四则要创造和谐文明的家庭环境。居家里外,干净、明亮、整洁、有序。去朋友家串门,有的家庭还很注意家风家教文化,悬挂着激励感人的家训格言,如"积金积玉不如积书教子,宽天宽地莫若宽以待人""敦行致远,吃亏是福""家和万事兴"等等,让人置身其中,产生良好的心理状态,一种清新雅致的感受油然而生。

好家风就是一所好学校,其教育的方式就渗透在方方面面的密切接触里。谆谆诱导,亲切教诲,热情鼓励,严格要求,无不影响着家庭的每个成员,影响着邻里和社会。关注家庭文明建设,给社会留下一片和谐、一片温馨。

李佳美,中共党员,助理工程师,毕业于南京理工大学,国网银川供电公司永宁县供电公司抄表班员,曾获校级优秀学生干部、第二届"青奥会"优秀志愿者。

做人要有诚信 做事要善始善终

周星明

每个家庭都有自己的家风和家训。家风家训重在言传身教，祖传子承。家风对整个社会的影响是巨大的，好的家风必然可以形成良好的社会风气。

我们家的家风就体现在"孝顺"和"诚信"上。从小爸爸妈妈就教育我要孝敬老人，主动跟长辈打招呼，不能让老人生气。我家的家风还体现在饭桌上，一家人吃饭都是等家人全部到齐了才开始，如果老人没有动筷子，我们小孩绝不能先吃，且小孩子是不能坐在主位上的。不知不觉，这已经成了我们家的一个习惯，这个习惯会一直保持下去。

"诚"就是要堂堂正正、清清白白地做人，自己做的事情就要勇于承担，不能往别人身上推卸责任。而"信"就是要守信，说出去的话如同泼出去的水，不能收回来；说过的话自己要做到，做任何事都要善始善终。家风家训是我国传统文化的重要组成部分，每个有修养的人必定有好的家风和家训，而良好的家风家训需要每个家庭成员来共筑。家中有好的家风，那么定可以少走弯路。

我相信，不管将来社会怎么变化，我们都要做一个诚实本分的人，这就是我们家最基本的家风家训。总之，家庭是社会的重要组成部分，只有严格筑好家风家训，我们才能少走弯路。

周星明，中共党员，高级工程师，国网银川供电公司经研所规划评审室主管，曾获银川供电公司优秀共产党员等荣誉。

影响孩子一生的教育

魏宁霞

在生活中,每个家庭都有各自的家风家训,或许是"百善孝为先",或许是"勿以善小而不为,勿以恶小而为之",又或许是"书山有路勤为径,学海无涯苦作舟"等等。但不管它是什么,家风家训就是一种综合的教育力量,是集思想、生活习惯、情感、态度、精神等多种成分于一身的综合体,体现着家庭成员的文化修养、行为准则、人格品位、人际关系等方方面面。

好的家风家训让人得而敬之;反之,则众人弃之。当然,家庭中的成员,就是好家风的传播者和缔造者。家风虽然是无形的,但对孩子的影响是巨大的。它是一种耳濡目染、潜移默化的教育力量,又是孩子行为规范的自动调节器,更是孩子陶冶道德情操的天然熔炉。人们常说,家长是孩子最好的老师,有什么样的家长就会教出什么样的孩子,家风好的家庭教育出讲文明懂礼貌的孩子;同样,孩子也会以父母为榜样,继承父母的优良传统,从而代代相传,把好家风不断延续下去。

想要形成一种有助于孩子成才的良好家风,我们可以从以下几个方面来慢慢营造。

一是创造和睦的家庭氛围,让孩子学会感恩。有句话说得好:家和万事兴。一个和睦的家庭才有助于孩子的后天教导,这是形成好家风的先决条件。家庭成员间的相互尊重、相互理解、相互包容,才能让孩子懂得什么是爱,才能让他懂得从父母身上获取爱的同时,也要适当地回报父母,学会感恩,让大爱充满整个家庭。

二是树立良好的家长榜样。学高为师,身正为范,这是形成好家风的必要条件。要想让孩子好好学习,家长就必须以身作则,多陪伴多读书;要想让孩子未来有所成就,家长就必须割舍眼前的溺爱,让其从小就学会独立、自立、自强;要想让孩子知书达理,家长就必须从自我做起,自尊、自重、自爱,不断提高个人修养。

三是不断向他人学习,特别是向道德模范、和美家庭学习。古人云:近朱者赤,近墨者黑。一些公认的、受过社会各界表彰的家庭值得我们借鉴学习,通过对比你会发现,原来一些道德模范、和美家庭的家风家训是那么的淳朴感人。

最后,还是希望我们每一位家长都能够以身作则,从我做起,为孩子树立起人生的一面镜子,在孩子成长的道路上做一根美德标杆。

魏宁霞,中共党员,高级会计师、国网银川供电公司副总会计师、财务资产部主任,曾获宁夏电力公司先进工作者、财务工作先进个人、银川供电公司优秀中层干部等荣誉。

家风的传承

陈 静

自懂事起,我就知道国有国法、家有家规,一个好的家风与家规是极其重要的,可家风、家规是什么呢?

我出生在一个普通的电力工人家庭,父母从未因自身学历不高而放松对孩子的教育。父亲总说:"人一生在成长的路上总会遇到很多岔路口,只要心中有一个坚定的信念,时刻牢记父母的叮嘱与训导,你就会从黑暗中看到光明的方向。"

"自立、自强、自尊、自爱"是父亲从小就挂在我床头的几个大字,他要求我做人要顶天立地,做事要自强不息,凡事要有原则,对人要坦诚相待。虽然小时候不明白是什么意思,但随着年龄的增长,特别是有了孩子后,我才真正领悟到这几个字的深远意义。

家风正了,一个家庭的思想品德也就正了,家庭的风气正了,一个国

家的故事
family story

家必将繁荣昌盛。家规是中国传统文化的重要组成部分,也是家谱中的重要组成部分,它对个人的修身也有着重要的作用。

我已工作20多年,父母的教导已融入我的身体和言行,在工作中不管遇到什么样的困难我都会要求自己,要坚持到底不能放弃。每天我都会早到单位半小时,对这一天的工作提前进行整理安排,为迎接新一天的工作做好准备。

现在父母年龄大了,但他们仍然用这样的要求教育和感染着我的孩子。这就是我家的家风教育。

感谢父母给予了我生命,更感谢他们用自身的行动为我作出榜样。

陈静,中共党员,助理工程师,国网银川供电公司营销部兴庆客户服务分中心装表班副班长。

以诚为本　孝顺和谐

郭永峰

说起家风、家训,总觉得是一个很严肃的话题。好家规造就好家风,好家风造就好家庭。

家风就是家规,是一家子的风气。每个家庭的家风都有自己不同的体现,它可以引领家庭成员积极向上、健康成长。在我们家,它体现在孝顺上,孝顺父母,孝敬长辈,就是什么事儿尽量让他们顺心顺意。长辈们说的话,孩子们一定要听;让做什么事儿,要立马行动,不能拖拖拉拉。我们家的家风还体现在饭桌上,开饭了,如果长辈们没有动筷子,小孩子是绝对不能先吃的,要等到大人都到齐了,大家才开始一起吃饭。

至于家训,从小我就教育我的孩子:做人最基本的品质就是诚实。所以,我认为,我们家的家训就是"以诚为本"。在生活中,很多时候孩子们会说谎,殊不知,这样只会害了自己。我对孩子说过,做错事情不要紧,如果说谎为自己开脱,那么说谎的代价要比做错事严重100倍。有时候做错事情,我反而不会打骂孩子,我会根据事情的严重程度,要么给他们讲道理,要么进行比较严厉的批评教育。还有一点,就是我时刻要求我的孩子言出必行。我常说的一个词是"掷地有声",就是告诉孩子,自己说出来的话要能够做到,否则就不要轻易说出来或者许诺人家。无论自己做什么事情,做之前要先想好后果,就算犯了错,也要敢于承担责任和后果。

  良好的家风、家训,需要家里的每个人共同努力,不好的方面要及时改正,好的方面要一直延续下去。好的家风才能创造出幸福的家庭。俗话说"家和万事兴",相互体谅、相互宽容、相互信任、相互理解是家和的前提,在此基础上的家庭,才是幸福美满的家庭。

  家风是春雨,润物无形滋润人的心田;家训是惊雷,于无声处给人以警醒。树立美好的家风家规,传承悠久的家风文化,家庭才会和睦兴旺,社会才会和谐稳定。

郭永峰,中共党员,宁夏天净元光电力有限公司银川配网建设中心经理。

家风篇

良好家风伴我成长

何 军

俗话说"治家严,家乃和;居乡恕,乡乃睦"。没有规矩不成方圆,良好的家风关乎一个家庭的走向和未来,一个人的性格、品德和世界观的形成与他的家庭密不可分。

在今天这个日新月异的时代,为家庭、为孩子树立一个正确的价值观,为孩子指引正确的道路是为人父母义不容辞的责任。我经常教导孩子要脚踏实地、知恩图报,秉承先苦后甜、谦虚待人的态度。

百善孝为先,这是我家的首条规矩,也是我和孩子念叨最多的一句话。一个人如果都不知道怎么孝敬父母,那他也不可能尊重身边的每一个人。一个人如果没有感恩的态度,没有知恩图报的意识,那么不论他最终取得多大的成就,都像是用积木搭建的宝塔,不堪一击。孝顺是中华民族的传统美德,所谓孝就是晚辈对长辈的尊敬和感恩,应把孝顺这种美德贯

> 家的故事
> *family story*

穿到日常家庭生活中，教会孩子懂得感恩。或许父母不能给你足够的金钱、地位、名誉，但是父母带给我们宝贵的生命，含辛茹苦地把我们抚养长大。父母带给儿女的是天下最深厚无私久远的爱。

我经常教导女儿要脚踏实地，先苦后甜。在人生的各个阶段，人所面临的困境和挫折是不同的，所感受到的喜悦和幸福大多也是经过累积才能感受到的。自己的路要自己走，跌倒了要学会自己爬起来，在学习和工作中，不要有畏难情绪，遇到困难要勇于克服。逃避永远不是办法，踏实肯干才会有收获。为自己的梦想努力拼搏，做出一番事业，必定会承受许多压力和痛苦，但有苦方知苦尽后的甘甜，有难方知登上高峰时的爽快。人生之路有顺途、有崎岖，有成功、有失败，一直努力向前，再大的苦难也不怕，不经历风雨怎能见彩虹。脚踏实地，不断磨砺自己，是金子总会在一方天地发光发亮。

要学会勤俭。自小父母就教育我"勤是摇钱树，俭是聚宝盆"。不讲究吃穿，讲究靠双手、靠勤劳创造美好的生活。节约是一种智慧，让节约成为一种生活习惯，是对子孙后代负责。虽然现在生活变好了，但是勤俭节约这种好传统我们不能丢。从小父母就这么教育我，而现在我又教育着孩子，以俭养德的优良传统不能丢。

好的家风如航线一般，有了它，航船才能不偏离正确的轨道。

何军，中共党员，工程师、高级技师，国网银川供电公司运维检修部变电检修室主任。

父亲的教诲

李福平

一个人所有外在表现出来的品行,都是学校、家庭教育以及自身修养的集中体现,其中家庭教育及家风影响尤为重要。一个人从出生到长大成人,大部分时间是在家里度过的,家庭教育为孩子三观的形成奠定了最初的基础。我也不例外,从小到大父亲的谆谆教诲总是不绝于耳。虽然没有华丽的辞藻,但朴实的话语总是蕴含着很深的道理,由此形成厚重的家训家风。

从记事起,"诚实守信、诚信待人"就深深印在我的脑海里,随着时间的脚步潜移默化地成了我家的家风。从小父母就教育我们,跟人交往不能撒谎,要诚实守信,答应别人的事要及时兑现,如果丢了诚信,别人就再也不会相信你,你的路就会越走越窄。我一直秉持这一人生信条,对待别人真心实意,答应的事一定做到,真诚做事,真诚做人。

> 家的故事
> family story

父亲常说自己的事自己办。人的一生中会遇到很多事情,虽然有些别人可以帮你完成,但大多数都需要自己独立解决,因为自己的好多问题别人不了解,当然不会身临其境地替你想办法。只有自己多动脑筋、想出路,才能解决自己遇到的问题,别人的意见都只是辅助性的。因为从小就养成了独立的性格,所以我人生中遇到的事情基本都自己想办法解决,父亲的教诲使我受益终身。

父亲教育我对待长辈要恭敬,不能亵渎长辈的威严;工作中要多想多干,不能偷懒,天道酬勤,勤能补拙;生活上要简朴节约,不要铺张浪费,尤其是吃饭,要珍惜来之不易的粮食;遇事不要急躁,要冷静处理;成功了不要骄傲,失败了也不要气馁,要勇于奋进。

父亲的教诲使我收获了一种习惯、性格和命运,最终成就了现在的我,让我的生活丰富多彩,井井有条;父亲的教诲使我受益终身,并将作为我家的家风代代相传。

李福平,中共党员,工程师、技师,国网银川供电公司党委组织部(人力资源部)绩效管理专责,曾获宁夏电力公司先进工作者、银川供电公司先进工作者、中阿博览会保电先进个人等荣誉。

家风篇

与父亲一起爬山

滕岳桓

在我们从一个懵懂少年成长为灵魂成熟的骑士过程中，家庭教育至关重要。"人之初,性本善"，没有人一开始就懂得人与社会的关系,学校的课本也没有给我们一个具象化的范例。回首自己的成长历程,从课本中学习到的大多是公式与理论,只有父母家人才能给我们潜移默化的引导。

记得毕业以后回家,陪父亲爬山锻炼,聊起了当时热播的电视剧《欢乐颂》,围绕家庭环境对于个人品性塑造的问题,我们展开了深入的讨论。父亲对于每个人的出身似乎并没有考虑过多,而是注重于成型后,每个人身上有哪些品性会让人欣赏。父亲喜欢安迪的理性与包容,喜欢曲筱绡的率真直爽,不喜欢樊胜美的虚荣,也不喜欢邱莹莹的幼稚与天真,希望他所喜欢与欣赏的那些品性可以在我的身上看到一些。

从个人成长的历程来看,家庭对个人生活产生了极为深远的影响。尤

家的故事
family story

其以樊胜美为例,由于自己的虚荣心作祟,最终导致的冲突差一点将她的家庭毁于一旦。但是,并没有任何人在她成长过程中教她如何正确面对自己的虚荣,直到遇见了欢乐颂公寓里的几个姐妹,她才终于明白,原来自己的问题很严重。

在和父亲探讨到这里的时候,父亲问我,你觉得自己成长的过程中,有类似于这种的品性缺陷吗?突如其来的问题,不禁让我回顾起自己的成长。父亲母亲给予我充足的食物和衣服,尽管那些教我如何拥有正直、勇敢的故事在我的记忆里已经非常模糊,却在我成长的轨道上,用他们所希冀的那些美好品性,看着我一步一步长大,越来越令他们安心。

家风,已经真正和自己融为一体,就算没有故事,我也完成了传承。

滕岳桓,国网银川供电公司运维检修部变电运维室运维四班值班员,毕业于华北电力大学,曾入选国家卓越工程师计划。

良好家风铸就"三观"基石

王启鹏

家训是家庭的核心价值观,家规是家庭的"基本法",家风是长期形成的具有鲜明家族特征的家庭文化,是一个家族最宝贵的财产,是每个家族成员自豪感的源泉,是每个家庭成员"三观"的基石。

父亲从小对我的教育便紧紧地围绕这五个字。

信——意为诚实,讲信用不虚伪,为人根本。小时候嘴馋,总是偷拿零花钱买吃的,爸妈给的早餐钱偷偷地攒着来买玩具,父亲其实早就知道了,有天问我我却没有说实话,那天便挨了狠狠的一顿打。"诚实做事,老实做人,诚信是你将来为人的根本,你必须把这两个字刻在心里!"父亲的话到现在都萦绕耳旁,"夫言行可覆,信之至也",言必行、行必果,这样才能做到"信"的最高境界。

德——仁义礼智,处世之根本。仁指的是人与人之间的互爱。从小我

家的故事
family story

要是和其他孩子发生冲突，打架骂人，父亲都会狠狠地批评我一顿。即便是我被欺负了，父亲只会责骂我，从来不会帮我去出头，一方面父亲希望我能自己去处理这件事，另一方面是希望我能学会如何与人相处。义指的是公正、合理，我认为这就是责任。父亲从小就对我说："你要对你自己负责，对你做的事负责。"无论对错，自己做的事自己要去承担。初中时淘气，弄坏了学校的石凳子，挨了处分，学校让叫家长，父亲说这是你自己闯的祸，你应该主动去向老师认错，主动承担处罚。礼则指的是一种行为规范，主要是言行要符合礼仪。智指的是智慧、聪明，有才能，有智谋。小时候，父亲对我讲，学习知识是一方面，但更重要的是通过学校的教育学会做人。父亲很反对死读书，对我的学习成绩要求也不是很严格。他一直希望我去理解知识，而不是死记硬背。小时候一般是妈妈给我买吃的穿的，从小到大，父亲很少给我买衣服，而是买各种书籍，遇到问题首先不会让我着急地去问别人，而是自己去解决它，父亲说这样才能更好地掌握知识。

孝、悌、让——尊敬长辈，孝敬父母，为人谦让。百善孝为先，父亲虽然对我要求严格，但是鼓励我指出他的错误，认为这是对他最大的孝顺。父亲说，做人要学会感恩，饮水思源，孝顺不是说你给父母买件衣服，买点吃的，塞点钱，做父母的都不图儿女这些，只是希望儿女多回家看看，有什么事多给父母打打电话，孝顺尽的是心。

王启鹏，国网银川供电公司运维检修部变电运维室运维四班值班员，毕业于华北电力大学，曾获校级优秀团干部、优秀团员等荣誉。

家风家训　成就美德

李　臻

中华民族素有"礼仪之邦"之称,向来重视家教。历史上见诸典籍的家训并不鲜见,为后人称颂的更多,而"不成文"也是我国家规家训的一大特点,是成为日常生活行为规范的组成部分。去其糟粕,取其精华,一些家风家训中的精华融入新的道德建设中,许多脍炙人口的家训,已经是"家家之训",形成了家家之风。

我家也同样拥有家风。从小我们就被要求,要孝敬长辈爱护幼小。在这件事上,我的父母以身作则、身体力行,他们孝敬长辈,常为他们添置衣物,购买食物,并时不时地去看望他们,为他们做些家务。我的父母用行动来教育我们"百善孝为先",而我们也是"惟孝顺父母,可以解忧",为父母做我们该做的。

"历览前贤国与家,成由勤俭败由奢。"在家中,父母还教我要节俭朴

> 家的故事
> *family story*

素。节俭亦是中国自古至今的优良传统,为历代人才所遵循。从很早开始,我们家就多出了一个大袋子,这个袋子可不普通。几年前的一天,我刚要把一袋废纸扔进垃圾桶,妈妈急忙制止,说:"先别扔这儿,把这些废纸扔到那个大袋子里去。""为什么?""把纸制品与其他垃圾分开来,那些纸制品可以攒多了卖钱,这样既不太浪费树木,也为家庭经济出了力啊!""哦,我明白了,这叫一石二鸟、一箭双雕!"从此我便养成了不浪费、不奢侈的好习惯。

好家风就是一种正能量,我们要从每个家庭做起,让家家有个好家风、家家培育文明人。如此坚持下去,社会的正风正气就会发扬光大,中华民族的文明程度就会进一步提高。

李臻,中共党员,国网银川供电公司运维检修部变电运维室运维二班值班员,参与 QC 活动曾获宁夏电力行协二等奖。

家　风

周凯昕

好的家风可以让孩子很好的成长,我的家就有好家风。

父母难免会因为一些磕磕碰碰吵架,但他们从不互相指责、斥骂,更多展现在我面前的是他们理性的一面。平时妈妈也会唠叨在学校应该怎么尊重老师和同学,更会讲一些道理,时间久了我脑海中也会时不时地出现这几句话。父母就是我人生的第一个导师。

家庭餐桌上的话题总是最多的,当然饭桌上的礼仪是一定要遵循的,妈妈常常对我说食不言,寝不语,长辈先动筷等等。

"该学习的时候学习,该玩的时候玩!"妈妈嘴中也总是挂着这句话。从小学开始,父母就鼓励我要有自己的作息表。每个周日妈妈都会带我出去玩,虽然名义上是"玩",但是每次出去都会遇上一些形形色色的人,这也算是让我长了见识。

家的故事
family story

  常常听到旁边的人会被这么赞扬:"这个孩子真有修养,看上去就很乖的样子。"我想之所以这个孩子会被人这么夸奖,这是与他长期生活于一种良好的家庭环境中是分不开的。

  好家风就是一所好学校,其教育渗透在方方面面的接触里,谆谆诱导,亲切教诲,热情鼓励,严格要求,无不影响着家庭的每个成员,并且影响到邻里和社会。让我们大家都来关注家庭文明建设,给社会留下一片和谐、一片温馨吧。

  周凯昕,共青团员,国网银川供电公司永宁县供电公司计量班员,曾担任暨南大学团委人力资源部长,曾获暨南大学优秀团干部等荣誉。

家风篇

家规家训家风伴我成长

王 军

家风——一个令人深受感悟的词语成就了我,使我不禁觉得心中怀着满满的感激之情。在生活中,我受到独一无二的好家风熏陶,让我在工作中从一个时时等靠的人变成一个积极向上、谦虚、诚实守信的国网员工。那么,是哪些好家风改变了我呢?且听我慢慢道来……

俗话说:"父爱是船,母爱是帆。"父爱带我破浪前行,母爱引导我在茫茫人海中不迷失方向。他们让我在成长的海洋中乘风破浪,让我不畏艰险。"诚实守信,诚信待人",随着时间的脚步潜移默化地成了我家的家风之一,它就像春天柔和的双手温暖着我的心田,让我心中的花朵绚丽多姿,让传统的美德发扬光大。

"害人之心不可有,防人之心不可无"也是我家的家风之一。它教导我,生活中我们不能有一点儿害人的想法,但也不能丢了预防坏人的正确心理。家风还教育我要尊敬长辈、勤劳节省、诚实守信、乐于助人、不骄不躁。记得有一次在郊外游玩,闲来无事,我一边喝着饮料,一边观赏着眼前的美景,突然,"啪"的一声,一个饮料瓶子就蹦到了地上。母亲看到了,立刻说道:"哎呀!你怎么能这样破坏环境呢?你知道吗,环卫工人早出晚归,没有假期,可辛苦了!你的不文明行为会深深地刺痛他们的心!"在母亲喋喋不休的教训中,我立刻把刚扔的饮料瓶捡了起来。那次后,我明白了一个道理:生活中"勿以恶小而为之,勿以善小而不为"。

好家风,正像"播下了一种行为,收获了一种习惯;播下了一种习惯,收获了一种性格;播下了一种性格,收获了一种命运"这句话,养育了我,也成就了我。

王军,中共党员,技师,国网银川供电公司运维检修部输电运检室输电运维班员。

家风篇

做人如水　做事如山

马　媛

每个家庭都有自己的家风和家训，我家的家训可以概括为"做人如水，做事如山"八个字。虽然简单普通，但是让我受益匪浅。做人如水，要能适应任何环境，就像水一样包容万物，要有能容万物的胸襟和气度；做事如山，要踏踏实实地做事，像山一样稳重，像山一样给人以信任。

我的父辈就是以这样的方式为人处世的，同时他们也用自己的行动告诉后辈，要老老实实做人、踏踏实实做事。

面对一件事，无论大小，都应该很认真慎重地对待。付出自己所有的努力，尽量将事情做好，而不必去考虑这件事情可以带来多大的收益，因为你决定了去做，就应该背负起使之完美的责任。

当然，如果一个人真的就完全似水一般的柔和，不免稍显单薄，这就对我们又提出了"做事如山"的要求。一个人要想有所作为，就应该做到志比精金,心如磐石,魄似瀚海。只有认真对待每一件事,做最充分的准备,才会得到机遇的垂青。

为人父母后,我也同样以这样的家训告诫我的孩子,做人应像水一样纯净透明、轻灵随和,做事应该学会山的沉稳和坚韧,认真对待并且坚持不懈。

马媛,中共党员,中级会计师,硕士研究生,国网银川供电公司财务资产部会计,曾获宁夏电力公司财务工作先进个人等荣誉。

润物细无声

陈 燕

润物细无声,我们每个人都在家庭中被无声地滋养着,养育着。我们爱护着家庭的每一位成员,也被每一位家庭成员呵护着。

作为子女,享受着父母给予的关爱,很幸运,我有着最疼爱我的爸爸妈妈。小时候,父母天天忙完工作又忙碌我的吃喝拉撒。上学了,父母又要操心我的学习。虽然那时父母在学习上已经不能直接帮助我什么,但他们会倾其所有的精力和经济支持我的学习和爱好。记得上初中时,学校离家比较远,交通也不像现在这么便捷,我每天都要早早起床,母亲则每天陪我去赶最早的一班车。走到车站时,那里已站满了高中生。大哥哥大姐姐个子都比我高出不少,每次公交车进站,大哥哥大姐姐早已占据有利位置,眼看公交车快开了,我却连一只脚都还没有踏上车厢,母亲急了,向拥挤的人群求援:"大家让让,让这个小孩子上车,大家都上学,谁也别落下迟到了。"这样，大家才注意到我这个初中生，让我也挤上了车。

到中午了，同学们都回家吃饭了，我离家比较远，学校没有食堂，母亲则早早做好饭，坐车到学校给我送饭。有一次母亲来晚了，看到我的那刻眼睛都湿了，说耽误了我吃饭。回家后母亲久久不能平静，和父亲商量后，决定在学校周围买房照顾我。从此我上学方便了很多，但父母则每天坐公交车上下班，时间更紧了。

其实在我看来，我并没觉得自己吃了多少苦受了多少委屈，可在父母眼里却总是不忍心。他们宁可自己受苦受累，也不愿意多占用我一点精力。以前没有细细品味，现在回想起来，父母用心良苦，像春雨般无声地滋润着我，润养着我的身体和心灵。

我会将这份爱传承下去，教育我的孩子，感恩我的父母，让家风之爱继续传承下去。

陈燕，中共党员，会计师，银川农村电力服务有限公司财务部主任，曾获宁夏电力公司先进工作者等荣誉。

家风篇

我的家风故事

王 澹

家风是一个家庭的行为准则,如同粮食一般,是一个家必不可少的成分。而在我家,也有家风,那就是艰苦奋斗。

小时候,我的家在一个比较偏远的乡村里。父亲是一位中学教师,母亲是卫生院的一名医生,他们都是中专毕业。一开始家里的生活比较艰苦,但父母从来都没有失掉让生活变好的信心。在我刚出生不久,爸爸就去银川进修,妈妈则一个人带着我,非常辛苦。在我四岁的时候,妈妈又参加了高考,之后独自去西安上了四年学。在我的记忆中,最期待的就是每次妈妈放假回来。当然,心中欢喜的不止妈妈带回的好吃的和新衣服,还欢喜我又变成了"有妈的孩子"。后来,爸爸也通过函授拿到了大专文凭。

在我童年的印象里,家里最多的摆设就是书了。有爸爸上课用的课本,有妈妈的医学专业书籍,有爸爸妈妈参加各种考试的辅导书,还有父

家的故事
family story

母专门为我订的一些儿童杂志,而购买书籍占到了家庭开支的很大比例。我上小学三年级的时候,为了我能接受好的教育,爸爸放弃了原单位的工作,在银川找了份合同制工作,带着我到银川求学。当时我住在小姨家,爸爸住在学校宿舍,每周只能见他一次,而要见到妈妈,只能等放长假的时候。这种经历让我从小就养成了独立自主的性格,遇到问题的时候都想办法自己去解决。

小学时,我的成绩一般,在班里只能排到中游。到了初一,我的成绩到了班级前几名。记得期末考试回家,妈妈没有过多地表扬我,只是问我啥时候能到班里的第一。我当时就下定决心,要像父母一样,努力奋斗,争取早日拿到第一名。后来初一第二学期的时候,我就成了班里第一名。当然,这次妈妈又问我啥时候能到全校第一,我的成绩就是在这样一个过程中越来越好。

在我初二的时候,妈妈决定参加研究生考试,这样她就可以在毕业后到银川工作。第一次她差了十分,没有考上。第二年的时候,因为家里的原因,她没能报名。第三年,她又一次参加考试,这次顺利通过。为了离家近一点,她选择了在宁夏医科大学读研。在妈妈读研期间,家里只有爸爸一个人的工资,生活开始变得拮据起来。妈妈比和她一起上学的同学年龄都要大很多,与她们一起学习、搞研究,妈妈的压力很大。在她硕士答辩前夕,她的体检结果出现了异常。不过这一切并没有难倒她,她通过了答辩,拿到了硕士学位,后来顺利地来到银川工作。

正是这样的家风激励我认真学习,努力奋斗,考上了理想的大学。后来拿到了保研的资格,并在本科和硕士期间获得了数次国家奖学金。未来,我也将把这样的一种家风传承下去。

王澹,中共党员,国网银川供电公司运维检修部变电检修室运检一班员。

家风篇

他们也是第一次为人父母啊

吴怡宏

  天气闷热,太阳火辣辣地照进窗子,晒得人也是焦躁不安。沙发上坐着我、舅妈和表妹,舅妈和表妹面色僵冷,气氛凝重,她俩又吵架了。

  表妹正值青春期,舅妈又让学了她不喜欢的钢琴,报了她不喜欢的补习班,两人总有口角。表妹给我说着舅妈对她的各种强迫,舅妈也念叨着表妹的各种不体谅。听着听着,我忽然想到了以前的自己,也是一样的不理解爸妈。小时候自己想学钢琴,站在幼儿园的琴房门口不想走,但是爸妈硬是让我去学画画。书法班的作业写不完,爸妈也只会让我熬夜写自己不喜欢的毛笔字。小小的我觉得,爸爸妈妈对自己只有一堆的要求,从来都不和蔼可亲,更不觉得自己在父母的关怀下有多么幸福。无论考试成绩好坏,妈妈都是一句知道了,爸爸还总和我抢电视看,只要门一响就知道动画片又要变成了新闻频道。小姑娘爱美,可是爸爸从来不让我背漂亮小包出门，还给我剪了男孩子的发型。然而长大后才发现，爸妈也是第一次为人父母。

我们只记得小时候不好好学习遭受父母的训斥，却忽略了每次饭桌上都有自己最爱吃的菜；只惦记着父母不够理解小时候自己的爱好，却忽略了当时学习爱好的费用可能是他们能给予的最大支出；总是抱怨父母不善于表达，却忘记了第一次离家前父母依依不舍的眼神。

听着舅妈和表妹的口角，突然发现，表妹是原来的自己，自己是未来的表妹，一家人是一个传承，而一个孩子的成长也总是类似。

时间慢慢流逝，自己慢慢长大，越来越理解父母的不容易，也越来越感激父母对自己的恩情。他们也是第一次为人父母，不知道怎样去面对一个小生命，怎么喂养，怎么照顾，哭了该怎么办，上学了该怎么办，早恋了该怎么办。叛逆期的时候，既不能以暴制暴，又感觉所言无用，怕孩子走上歧途。好不容易孩子长大了、成熟了，离开父母组建小家庭了，不再需要父母了，但又怕孩子过得不好。很多时候我们在成长，也要允许父母慢慢成长。我们在不知道怎么去爱一个人的时候，方式总是笨拙可爱、漏洞百出的，父母也是如此。

什么东西一辈子只能拥有一次，一定异常宝贝和珍惜，而孩子就是父母一生所拥有的一次。

吴怡宏，国网银川供电公司运维检修部变电检修室电气试验一班员，参与科技创新项目曾获宁夏电力公司奖项。

家风篇

传承的爱

于继林

家庭是圃,孩子是苗。家风如雨点,它随风潜入夜,润物细无声。小苗只有在雨露的滋润下,才能健康成长;孩子只有在优良家风的熏陶下,才能出类拔萃。

小时候,每次上学之前,母亲总爱叮嘱我几句:"孩子,到学校千万别和同学打架,如果有人欺负你,就回来跟我说,我去找你们老师!"母亲生怕我在学校和同学发生矛盾,老是有事没事给我上课,讲故事,教育我遇事要宽宏大量,在学校要和老师、同学和睦相处,不要动不动就和其他人发生冲突。在母亲的谆谆教诲之下,我基本上没有和老师、同学发生过矛盾。

父亲爱给我讲他年轻时候的经历,并时常告诫我:"现在的年轻人没有几个能吃苦耐劳,你要从小学会能吃苦,否则干不成什么大事!"父亲还教导我:"吃得苦中苦,方为人上人。"只有经历了常人所不能忍受的苦难,才能造就真正的人才,今后的工作和生活方可出类拔萃。也许这就是"天将降大任于斯人也,必先苦其心志,劳其筋骨,饿其体肤……"。

现在的我也是一名父亲,我将父辈带给我的优良传统和好习惯用来教导儿子,他也乐于聆听我的一言一语,这一切都是因为爱。

我一直在想,树立端正的家风,继承优秀的家规和家训,是值得弘扬的民族文化。如今社会上的一些不良习气已逐渐退出人们的视线,正能量得以传递,如再加上优良家风,那么社会风气将会更加纯洁,人民的生活将会更加美好,国家的未来将会更加繁荣昌盛。

于继林,中共党员,工程师,宁夏天净元光电力有限公司输电建设运维中心党支部书记兼副经理,曾获优秀中层干部、先进生产者、优秀共产党员等荣誉。

我的家风家训

张 颖

中国是礼仪之邦，五千年的文化传承至今，深深铭刻在中国人的心中。俗话说："不立规矩不成方圆。"一个国家需要依法治国，一个企业需要诚信经营，而家庭是社会的重要组成部分，良好的家风、家训不仅承载着祖辈对后代们的希望，更是对后辈们言行的鞭策。

每一个家庭都有自己的家风和家训，我家自然也不例外。我家的家规是：尊老爱幼、勤劳节俭、诚实守信，用自己的双手踏踏实实地去创造理想的生活。这些家训小到坐立行走，大到待人接物，都是汲他人之长，思自己之短。总而言之，就是孝、俭、勤、信。

说起"孝"，在我的眼中，父辈们身体力行，将敬老融入到生活的点点滴滴。从我记事起，母亲数十年如一日地悉心照料着80岁高龄的姥爷。姥爷是位老知识分子，虽常年无法独自出门，但头脑清楚，每天作息规律，穿戴整齐干净，每天用大量的时间阅读各类报刊、书籍。母亲每到年初都会给姥爷订很多报纸、杂志，时常为腿脚不便的姥爷洗头、理发、换洗衣物。姥爷牙口不好，喜欢吃松软的食物，父亲就经常为姥爷做些可口、松软的饭菜，搀扶姥爷如厕、洗澡。作为外孙女的姐姐和我，时常陪姥爷聊天、解闷，给姥爷买手持式收音机，给他推荐好听的戏曲、相声……直到姥爷96岁与世长辞。

节俭持家贯穿我家生活的点点滴滴。母亲常说："节俭兴家业……"这个浅显的道理深深印在了我们晚辈心间，并影响着我们之后生活中的一言一行。例如，洗菜的水用来浇花儿、冲马桶，家里的废旧报纸收集整齐，用来练习毛笔字等等。

在我很小的时候，母亲时常跟我讲世上无难事和勤能补拙的道理。父母努力工作，兢兢业业，我们晚辈将这些话铭记在心，不仅体现在学业上，而且在生活中我们独立、自信，勇于直面困难，积极开动脑筋，通过自己的努力去达成各种目标。现在，我们都已成家立业，勤快贯穿于我生活的点点滴滴，家被我收拾得井井有条、温馨舒适。

好家风就是一所好学校，渗透在生活的方方面面，激励晚辈们养成良好的生活习惯和待人接物的大气格局。这就是我的家风、家训。

张颖，中共党员，工程师、技师，国网银川供电公司物资供应中心计划管理专责。

知足常乐 教我道理

张红雁

"知足常乐"是我家老爷爷经常挂在嘴边的词汇,他老人家坚持"世间本无事,庸人自扰之,所有的烦恼都来源于自我"的原则。受他的影响,我们家的人一直认为内心的宁静与快乐是头等大事。你要问我什么是幸福,我很赞同的一句话是:一生努力,一生被爱,想要的都拥有,得不到的都释怀。

勿过度在意他人的评价

很小的时候就听父母讲过这个故事。

有一对父子进城赶集,天气很热,父亲骑驴,儿子牵驴。一位路人看见了,说道:"你这个父亲真狠心,自己骑驴,却让年幼的儿子走路。"父亲一听这话,赶忙一骨碌爬下驴背,让儿子骑驴,他牵着。没走多远,又遇到一位路人:"你这当儿子的真不孝顺,老爹这么大年纪,你不让他骑驴,却自己骑。"听罢,儿子觉得甚是惭愧,赶忙让父亲上驴,两人同骑。路人见到后,又有人议论说:"看,这两个人真歹毒,驴这么瘦小,竟然两个人都骑在驴背上。"父子俩一听,急忙下来,一前一后抬着驴走。路人一见,纷纷指着这对父子说:"看,这两个傻子,有驴不骑,在抬驴呢!"

父母教导我,无论你做什么,总有人指指点点,就好像你在哈哈镜里看到自己的模样,并不是你真实的写照。他人的评价,对于你自己本身的幸福与否,关系不大。因此,做好自己认为最重要的事才是最重要的。

时间重要,专注更重要

父母教会我时间的重要性,在珍惜时间的同时,专注也是珍惜时间的好办法。

我们很多人,很多时候,注意力其实是涣散的,这样甚至可以视作掉进了时间的黑洞,仿佛这段时间从未出现过。

吃饭的时候你在按手机,别人说话的时候你在开小差,玩手机的时候到处按,反复按一个 APP 图标,进去退出、进去退出,最后自己也不知道自己在干些什么。同样的情况还有,当别人在跟你说话时,你没注意听。坐在电影院里,差点睡着了。这种情况是非常可怕的,在我们的生活中也比较常见。因为注意力是否集中,直接关系到我们对这个世界的体验,与我们的幸福感也紧密相连。所以,想要幸福,就要更专注于自己的生活。

张红雁,中共党员,毕业于华北电力大学,国网银川供电公司信息通信分公司专责。

做人要有责任　做事要有始有终

应　东

工作中始终有一句话萦绕在耳边,也谨记在我的心头:做人要有责任、做事要有始有终。这句话是我在参加工作时父亲说给我的。每次想起这句话,就会燃起我工作和生活的斗志与勇气,在迷惘惆怅的时刻,指引我前行的方向。这就是父亲给予我的精神财富,也是我家家风文化的传承,使我终身受益。

我很自豪,我的父亲是一名党员,也是银川供电公司的一名普通职工,在我小时候他就时刻用自己生活和工作中的一言一行营造勤勉工作、爱岗敬业、勇于担当的良好家风,这成了我一生弥足珍贵的精神财富。

在我参加工作后,父亲给我的这份精神财富无时无刻不在提醒我:做事要有责任心,要有始有终;困难面前要主动作为,迎难而上,坚忍不拔;面对急难险重任务,要挺身而出,勇挑重担,敢于担当。

应东,中共党员,国网银川供电公司运维检修部变电检修室副主任,宁夏电力公司劳动模范。

02
家书篇

孩子,爸爸妈妈从来不要求你必须树立远大的理想,长大要当什么家,每天坚持把平淡的事情做好,做一个正直善良的平凡人是我们对你的希望和要求。孩子,希望你快乐,希望你在平淡中能发现并实现属于你的那份精彩。

家书篇

/孩子,希望你在平淡中实现你的精彩

潘艳峰

孩子:

  时间过得真快,转眼你就从一个小毛头长成了一个大孩子。耳边似乎还萦绕着你奶声奶气背诵唐诗宋词的声音,惧怕去幼儿园的你日日清晨哭闹的场景还在眼前。记得一次带你到单位加班,无意间抬头看到你趴在对面的沙发上一动不动,我感到不妙,冲到你身边时,你已经拉裤子了。当我气急败坏地在卫生间给你洗完裤子回到办公室时,看着你穿着我的工作服窝在沙发上一脸满足的样子就定格在眼前。今天,你已经戴上红领巾,成为一名少先队员了。成长的过程是琐碎而细长的,但成长的结果却是幸福而甜美的。

  孩子,爸爸妈妈希望你能健康成长!我们希望你的童年充满童趣,你能在童话世界里感知真善丑恶,所以每天都在睡前给你讲故事,告诉你匹

家的故事
family story

诺曹因为撒谎长了长鼻子,巨人的花园因为缺少大家一起玩耍的笑声才迟迟等不到春天,圣诞老爷爷会在平安夜送礼物给你。

孩子,爸爸妈妈希望你能快乐成长!我们没有带你去上形形色色的兴趣班,不想让你过早地感受到学业的压力和学海路上的艰辛。我们不想苛求你的学业必须是顶级的,我们只想让你在每个年龄段做好该做的事情。孩子,爸爸妈妈希望你能把踏实和认真注入你成长的每个阶段。孩子,你是一个平凡的人,爸爸妈妈也是平凡的人,我们没有超凡的智商,要做好事情,只有靠踏实和认真。妈妈带着你复习课本,不放过一个标点符号、一个笔画。妈妈就想告诉你,学习是一个长期而艰苦卓绝的事情,只有不放过每一处细节,认认真真记住课本里的每一个知识点,踏踏实实完成每一篇作业,才能一步一个脚印,慢慢达到你知识的广度、思想的深度、能力的高度。

孩子,爸爸妈妈从来不要求你必须树立远大的理想,长大要当什么家,每天坚持把平淡的事情做好,做一个正直善良的平凡人是我们对你的希望和要求。孩子,希望你快乐,希望你在平淡中能发现并实现属于你的那份精彩。

潘艳峰,中共党员,高级政工师,国网银川供电公司监察部(纪委办公室)主任。

致陪伴我成长的父母

吕 卓

亲爱的爸妈：

你们好！最近夏日已至，气温攀升，远在外地读书的我未能陪伴在你们身边，不知你们最近工作生活是否称心如意？如今，随着社会的不断发展，通信方式也在改变。快马加鞭传递信件被短信和电话取代，舟车劳顿的相见则被视频聊天取代，我们很少再通过书信表达情感，情感的表达变得更加快捷高效，然而父母与子女的沟通并没有因此获益。我想借此活动给你们写封家书，不仅表达我对你们养育之恩的感谢，更是为家书文化的传承贡献自己的力量。

首先，感谢你们这十九年对我的教育和培养，你们以身作则，帮助我树立了正确的价值观和人生观。

为人处世方面，你们孝顺父母，尊敬长辈，关爱兄弟姐妹，让我懂得了

家的故事
family story

百善孝为先的重要性,让我明白家庭和睦、亲人健康是幸福美满的前提,是一切长久的基石。你们谦虚低调,朴素上进,积极奉献,努力工作,你们用行动向我证明只有勤奋踏实才可以获得真正的成功。你们对国家大事和社会现象的关注,对建设社会主义的责任感,对自己诺言的遵守履行,都在潜移默化中影响着我,培养了我作为新时代青年建设国家的社会责任感和使命感,教导我诚实守信,做一诺千金的君子。当人际关系出现摩擦时,应该学会包容,学会沟通,学会理解,尤其不要因为他人的错误惩罚自己,不要为了小的私利计较太多。真正的感情是无价的,但也要学会辨别不良的人际关系。

生活方面,很幸运你们都是勤俭节约之人,从不因为财富的积累而奢侈浪费。你们用行动告诉我,这世界上每个人想要的东西都很多,但是人只有有限的时间、精力和财富,因此应当先分配在需要的东西上,学会理智消费。与此同时,应当注重对自己的投资,投资力度越大、时间越久,收益越高。

学习方面,在你们的教导下,我学会了做规划和管理时间,将要做的事情分成许多易完成的小任务,有计划地进行。当计划赶不上变化时,如何分清主次,如何做出取舍,都应该从长远考虑,认清目标,脚踏实地,坚持不懈。在遭遇挫折的时候,一定要承认失败,直视挫折,静心反思并做出总结。切忌因一次挫折否认自己,应该端正心态去学习,去改进,避免再犯同样的错误。你们告诉我失败本身不可怕,可怕的是不能认真对待。我从最开始逃避犯下的错误,到后来勇敢接受失败并快速进步,感谢你们对我的教导,让我更早地懂得规划人生,经营人生,无论成功与失败。

其次,感谢你们这十九年对我的包容和照顾,你们牺牲自己,只为了我更好地成长。

家书篇

当我努力过后却与成功失之交臂时,你们会包容我的眼泪,耐心安慰我,给我讲道理,做我最坚强的后盾。当我抱怨环境不尽如人意时,你们会直接批评我不应该只知抱怨,并鼓励我去想出解决办法,就如你们常说的"方法总比问题多",你们也会帮我一起想办法克服困难。当我生病时,你们会牺牲自己的休息时间照顾我;当我犯下一些意想不到的失误时,你们会告诉我年轻人就应该多犯错积累经验,年老时才会更幸福;当我对未来的不安揣测时,你们经常教导我应该乐观,对未发生的事情,尽全力就好,太在意结果反而容易犯低级错误。

最后,我还想说,感谢你们一直以来对我的信任。可以说在很大程度上,你们的鼓励和信任给了我自信的勇气,让我拥有跌倒后重新站起来的力量。与此同时,不愿辜负你们的信任更加坚定了我前进的步伐,让我更加从容地应对每一次不如意。

我很幸运有你们这样优秀的父母,成为我人生的榜样,成为我永远的支持者。今后的路还很长,我相信我有足够的时间去变成像你们一样优秀的人。再次感谢你们,陪伴我成长给予我力量的父母!

吕卓,国网银川供电公司党委组织部卢璟同志的女儿,共青团员,就读于对外经济贸易大学,获对外经济贸易大学 2016—2017 年度综合二等奖学金、院级优秀学生荣誉,2017 年美国大学生数学建模比赛二等奖。

家的故事
family story

爸妈,我用一生来孝敬你们

吴 刚

亲爱的爸爸妈妈:

你们好,自从有了电话、手机后,记不清楚多少年没给二老写过信了,这一提笔却又放下,话到嘴边,却又不知从何说起。在这通信发达的时代,手机电话渐渐取代了用文字表达内心的情感,而现在我才发现,在电话里那些难以言说的话语,在书信中却可以尽情倾诉。

时光流逝,这一晃儿子都四十七岁了,每次回到父母家中,我却从未感到我已是四十多岁的人,从内心里还把自己当作一个小孩。有一次不经意间看到爸爸坐着看电视,心里头不由自主地颤动起来,爸爸的两鬓已经斑白。我突然间发现爸爸妈妈已经老了,心中不由自主地很痛很痛,一股心酸的感觉让我的眼泪充满了眼眶。从小到大,你们辛苦地把我和姐姐拉扯大,教我们走路、说话、识字……

无论有多辛苦,你们从不提苦和累,直到现在,二老都七十多岁的人了,还在为我和姐姐操心,二老能自己干的活都自己干,不到实在没办法的情况下,从不给我们打电话添麻烦。

你们的皱纹深了,把美丽的青春给了儿女;你们的双手粗了,把温暖的阳光给了儿女;你们的腰弯了,把挺直的脊背给了儿女;你们的眼花了,把明亮的双眸给了儿女,而我们又该拿什么来感谢你们。我的爸爸妈妈,你们把我养大,你们的爱,说不完,道不尽。

爸爸妈妈,我真心地想对二老说一声谢谢,除了说声谢谢,我不知该怎样表达儿子内心由衷的感激。

爸爸妈妈,儿子只是一个平凡的人,这也只是一封平凡的家信,但它饱含着一颗真挚的心,它寄托着儿子对二老的爱,寄托着儿子一颗感恩的心,二老对儿子的爱,儿子永远都无法报答,但儿子会用一生的时间来孝敬你们。

祝愿爸爸妈妈身体健康,吉祥如意!

吴刚,中共党员,工程师,宁夏天净元光电力有限公司输电建设运维中心工程技术专责。

家的故事
family story

妈妈,您是我学习的榜样

尚苗苗

亲爱的妈妈:

好像自2007年我背起行囊、求学异乡开始,我们就没有彻夜长谈了,或许是时间将彼此牵念的心绪悄悄锁住,也或许是年龄的增长让我失了那份年少直率的纯真。而如今,我也要做妈妈了,每天感受着小生命在肚子里和我热切地互动,我又拾起了那份对妈妈您浓浓的眷恋和感怀,所以,在母亲节来临之际,我想送您一份特别的礼物,以这样的方式回忆我们一家三口这28年的故事。

此时已是深夜了,坐在书桌前,橘色的光晕里我似乎看见了20年前,您坐在书桌旁的床边,一边陪着小小的我,一边娴熟地织毛衣,学得再晚也有妈妈精心做好的水果拼盘和慈爱的微笑,这是您教会我的第一个字——"学"。

和许多职场妈妈一样,您肩负着工作和家庭的双重压力,可您并没有因此放弃学习,去外地深造学习、考职称、取得各种技术资格……有人说,你想让自己的孩子成为什么样的人,自己首先要做到,让自己的独立身份和孩子的角色同时融汇在自己的生命里,这是一种智慧。我想是您的行为在影响着我,从小家里的书架就是我探索的秘密花园。您和爸爸没有天天逼我读书,我却总是自己在书架上胡乱摸索,每每读完一本,总觉得特有成就感,因为我看完了爸爸妈妈爱看的大人的书。

小学三年级时,我被选为学校每周一升国旗仪式的主持人,然而这份荣光却让我每个周一早上六点就醒来,翻来覆去,您问我怎么了,我愁眉苦脸:"我害怕在那么多人面前讲话,错了怎么办?"您轻轻摸摸我的头:"女儿,勇敢一点,你这么棒一定没有问题!说错了别慌,改过来就好了。"在我小小的心里,妈妈的信任和肯定就像柔软的羽翼,让我勇敢地翱翔。

随着年龄的增长,我逐渐意识到学习的意义并不是成绩,而在于实现自己的人生价值。所以从小学到大学,再到研究生,包括选择我的第一份工作——大学辅导员,这种思想无形中指引着我,使青春的风帆涨得满满的,所以才有了主动去熟悉每一位学生,寒暑假走遍青海、甘肃、宁夏,去深入探访每一个西部学生的家,和他们共同成长的动力。那几年的时间和付出,让周围的很多人认为不值得,而您和爸爸总是站在我这边,支持我的选择,肯定我的付出。

我从您身上学到的第二个字是——"信"。

妈妈您还记得吗?在我很小的时候,姥姥经常卖乡下地里种的土豆,有一回姥姥在街口叫卖了一整天,回家后累得满头大汗,手里的钱都被浸湿了。您帮着数钱的时候,突然发现一张假的一百元,顿时姥姥傻眼了,六神无主地望着您,您说:"妈,没事,给我吧,我帮你处理。"随即给了姥姥一张崭新的百元钞票。"你可别再去骗那些穷苦的老实人啊!"交代完姥姥这才舒展了眉头。和您回家的路上,我一直在好奇,妈妈要怎么花这钱,谁料您将那钱撕碎了扔掉。"妈妈,您怎么扔了?""孩子,咱们可不能做这种缺德的事,刚才是为了让姥姥宽心,老人家挣那点钱不容易,我们要讲诚信,你也要做一个诚实守信的好孩子。"从那之后,我渐渐明白了"信"这个字的深刻含义。"人而无信,不知其可。"古有曾子杀猪教子、季札赠剑,而妈妈您也在言行中将"信"烙在了我心里。

还有件事让我理解了"孝悌"二字。

妈妈,您总向我讲起姥姥姥爷抚养三个子女的不易,这么多年,我也亲眼看到您和爸爸对双方父母嘘寒问暖,关注他们的饮食起居,有喜事和他们一起分享,有难处总是你俩一起默默扛起,从不给老人增添烦恼。爸爸更是在奶奶去世之后,每天陪爷爷吃饭聊天,照顾他的心情,帮他完成心愿。你们两个由于工作原因分隔两地,每个节假日爸爸都在老家陪爷爷,而您在这边从不抱怨。都说陪伴是最长情的告白,你们用平淡的柴米油盐将老人的时光打磨得那么柔美温馨,愿我也能给你们的晚年带来慰藉和满足。您和爸爸均是家里的长子、长女,在手足情的维护上也深深影响了我。尤其是爷爷家,叔叔姑姑都分散在祖国各地,而爸爸每回做了好吃的,抑或爷爷家小院的杏子熟了,总不忘给他们每人寄一份,张罗大伙每年的聚会,关爱他们的孩子,这些我都看在眼里。"入则孝,出则悌"是一个家庭、一个家族凝聚力的核心,也是人生而为人最根本的德行。

妈妈,您知道您影响我最大的是哪个字吗?是"忠"。

您是一个忠于党性、忠于自己事业的人,在我的记忆中,您大概有好几年没在家里过除夕了吧!每个除夕您都会值班或忙工作,或许外人并不理解您对自己要求为什么这么严苛,而我和爸爸是很理解的,从没有因此责怪过您。记得那是2015年飘雪的大年三十,爸爸在安顿好爷爷后,做了好多好吃的，开车带着我从固原到银川，一起去您的办公室过年，您惊喜感动的眼神到现在还在我脑海中闪现。虽然菜品没有往日那么丰盛，没有精美的餐具，可我们三个人在一起。您说过，三个人在哪里，哪里就是家。

高中的日子是漫长而紧张的，每天我都沉浸在题海中，您和爸爸也全力以赴照顾我的起居。记得有一天深夜，家里被一阵急促的电话铃声吵醒，您放下电话，简单地和爸爸交代了几句，袜子都没穿，就穿着拖鞋夺门而出，然后又是一整天的没合眼，奔忙在一线……

妈妈，作为一名电力职工，您一直都是对工作认真踏实，所以当您被选为国网公司特等劳模、2008年残奥会火炬手，获得自治区"五一劳动奖章"等一连串荣誉的时候，我并不惊讶，因为这是您勤恳工作的结果。在您的影响下，我也期待能为自己喜欢的事业发光发热。研究生毕业后，我同您一样，加入了这个写满你们青春岁月的企业，有人问我为什么，我很骄傲地回答他，因为我的妈妈，择一事，忠一生。

写着写着，不觉已经回忆了这么多，妈妈，您和爸爸教会我的这些是我一生的财富，我一直在寻找这些潜移默化的影响的根之所在，终于，在我们的家谱中找到了答案。

在尚氏家谱的扉页上，工整地写着几行大字：

五字宗族家训

忠：忠为本，忠于国家　忠于事业　以国为荣
孝：孝为先，敬重祖先　孝敬父母　世代相传
学：学为用，育才为上　凡吾子孙　当互勉励
悌：悌乃儒，为兄爱弟　为弟敬兄　家族美德
信：信属诚，诚实守信　相互信任　光宗耀祖

家的故事
family story

　　我想这是家族的家风,是几辈人积淀传承的美德。夜半阑珊,倚在窗台,摸摸腹中的宝宝,我想我也会教她这些,想让孩子成为什么样的人,自己首先要做到,谢谢妈妈,给予我如此瑰丽的生命,让我勇敢地走下去。

　　尚苗苗,中共党员,硕士研究生,国网银川供电公司营销部营业及电费室专责,曾获国网新员工培训优秀学员、优秀学员干部等荣誉。

家书篇

孩子，爸妈为你骄傲

张 锐

女儿：

妈妈怀着激动的心情一口气将来信读完，字里行间满满的都是正能量，将自己的成长讲述给了我。到这个年纪，妈妈不那么容易被打动了，可读完你的来信，让我的眼睛湿润了。是啊，时间是最好的答案，爸爸妈妈辛苦地将我们的爱女拉扯大，今天你给了我们满意的答案，怎能不让我觉得激动呢？每每回忆起你成长的点滴，都让我觉得很美好、很幸福。在这里且让我来讲述一件小事，不知你是否还记得？

在你上小学时，一天放学回来，我一眼看见你眼睛红红的，一脸的不高兴。我和你爸对视一下，猜测今天女儿在外面可能受了什么委屈或是老师批评了，可转念一想，你从上学开始，几乎每天回来告诉我们的都是进步、表扬、快乐、新鲜的事，能看得出，你很热爱集体、热爱学习、团结同学，

家的故事
family story

今天是怎么了？于是我就笑呵呵地问："今天是怎么了？一脸的不高兴，是不是和同学闹别扭了？"你摇摇头，"打架了？"只见你的小嘴一噘，两行委屈的泪像断了线的珠子滚落而下。我当时好心疼啊，今天是怎么了，为什么会这样呢？于是，你爸换了一种方式问你："在家里，爸爸妈妈还有你，我们是一家人，有天大的事，只要到家，一切都可以敞开心扉，毫无保留地说出来，好让爸爸妈妈给你做主啊。你不说，我们怎么知道是什么事？又怎么解决呢？"话音未落，你就哭着将发生的事情告诉了我们。

真是太气人了，原来是班里有位同学由于贪玩，作业没有做完，老师不让回家，要求什么时候做完作业什么时候才能走，你作为班级学习委员，老师让你监督他。所以等他做完作业，放学时间早已过去20多分钟了。就在此时，这位同学的奶奶找到班里，刚好迎面碰见你俩从教室出来，你正在锁门，得知是她的孙子作业没有写完而耽误了时间，不但不承认自己的错，还打了你一耳光，并说："作业没写完不用你管，管好你自己就行了，少管别人闲事……"女儿你就很无辜地挨了一记耳光，但是你告诉我们，当时你强忍着眼泪，仰着脸和对方理论："他作业没写完，我是班干部，有责任管他，是老师让我留下的，我没错！"

我在气愤中沉思，尽量克制住自己，让你先吃饭。事后我跟你进行了长谈，让你懂得了什么是对、什么是错、什么是有文化有素养的人，怎样才能让自己成为德智体全面发展的有用之才，并且肯定了你的做法，讨论以后遇到矛盾应该如何化解……最终打开了你的心结。

自此以后，让我欣慰的是，你更加会处理自己的事了，没有因为这件事影响你关心同学和班集体。这件事也让我想了很多，是啊，一次普通的纠纷可以让孩子们成为仇人，也可以让孩子们变得更加坚强，学会处理人际关系，就看我们家长怎样对待了。

这一点得到了验证,你的那位同学在他奶奶的庇护下,学习成绩一直在下游,初中也没考上。而你没有因此消沉,连连荣获"三好学生"称号,大学时还得到辽宁省"三好学生"称号。参加工作后成为辅导员,你更是尽心尽力,成为学生们喜爱的苗苗老师……

每次看到你的进步,我和你爸都深感高兴。如今你硕士毕业,通过层层考试,考进了妈妈奋斗一生的单位,你是我们的骄傲。但这不等于你懂得新的岗位职责和肩上的责任,妈妈还是要叮嘱你几点:

1.严格要求自己,按照一个党员的标准做人、做事,吃苦耐劳,敬业爱岗。

2.尽快进入角色,熟悉业务,做到认真、仔细、零差错。

3.团结同事、爱护集体、尊重领导、尊重师傅、积极向上。

4.除了单位上的事,也要学会操持家务,将来做一个合格的妈妈。

好了,不多聊了,妈妈想说的话还很多,我们以后再聊吧。期待你有更大的进步,女儿。

张锐,国网银川供电公司营业及电费室尚苗苗同志的母亲,中共党员,高级工程师、高级技师,曾荣获自治区五一劳动奖章、国网特等劳动模范、2008年残奥会火炬手等荣誉,现在国网宁夏检修公司工作。

家的故事
family story

爸妈,儿子永远不忘你们的恩情

孔德全

亲爱的爸爸妈妈:

春去秋来,日月如梭,时光改变了很多,我已从一个莽撞少年成为一名父亲。俗话说"养儿方知父母恩",对于你们我满脑子只有两个字——感恩。爸爸、妈妈,感谢你们养育了我,这份恩情是我一辈子还不清也还不了的,我不会忘了生活中你们对我的点点滴滴。还记得儿时的我跌倒了,是妈妈扶我起来,说宝贝别哭;还记得在我彷徨无措时,是爸爸为我指明前方的路;还记得睡觉时,是妈妈为我盖上了被子;还记得哭泣的时候,是爸爸鼓励我要坚强……有太多的太多,深深地印刻在我的脑海中。

如今我长大了,虽然在成长的道路上走得挺辛苦,但我不会怨天不会怨地,更不会怨恨你们。因为我知道,每个人的成长都不可能是一帆风顺的。我也深深地知道,为了我,你们付出了很多很多。妈妈,很多个冬日的黄昏,寒风四下里出没,头顶上的天空流云疾走,风把黄昏吹得无限漫长,您一边织着毛衣一边陪我学习。黄昏的光晕照在您的身上,我突然发现几根泛着黄光的白发,而且一天比一天多了起来……

现在因为从事电力工作总在现场,繁忙的工作使原本很少回家的我和二老团聚的更少了,每次休假回家有太多太多的话想对你们说,但顾及面子,几次话到嘴边又咽了回去。很想让你们知道我已经长大,让你们知道我的孝顺,想对你们说声:爸爸妈妈,你们辛苦了!

妈妈,您为了我的成长呕心沥血,在操劳中把我抚养长大,现在又帮我带孩子,每天为小孙子操劳。您不计较自己的付出,却在乎我的拥有;您不计较我对您的忽略,默默地为我做着一切;您不计较岁月刻在脸上的痕迹,却为我的每一点成长而惊喜。不怕风吹雨打,不求任何代价……回忆起您为我所做的一切一切,我时常激动得流泪,说不出一句话来。

感谢你们给予我生命,让我有了追求幸福、感受幸福,以及实现人生价值的机会;感谢你们抚育我长大,担任我人生的启蒙老师,教会我如何生活,如何感恩。

爸爸,您为了支撑这个家,长年在外奔波,工作压力极大,还日夜牵挂我。感谢您在我人生路上每一次关键时刻给予我的力量、为我的付出。

现在爸爸妈妈都是六十多岁的人了,又在为我的孩子整天辛苦地劳作,看着你们一天天地老去,我的心好痛呀!中国有句古话:"滴水之恩,当涌泉相报。"更何况你们给了我无穷的关怀和无尽的爱,而我又将用什么来回报你们呢?在这里,我只有怀着一颗感恩之心给你们送去我最真挚的问候,愿爸爸妈妈身体健康,儿子永远不忘父母恩!

孔德全,中共党员,副高级工程师,工程硕士,国网银川供电公司运维检修部二次检修室副主任,曾获银川供电公司优秀共产党员、先进工作者等荣誉。

家的故事
family story

给爱人的一封家书

李铁军

亲爱的爱人：

你好！最近单位在组织撰写一封廉政家书，提起笔来，真是感慨颇多。尽管我们在繁忙的工作之余偶尔会谈及廉政这个话题，但从没有像今天这样真正深思过。

首先映入我脑海的是民族英雄林则徐曾说过的一句话："子孙若如我，留钱做什么？贤而多财，则损其志。子孙不如我，留钱做什么？愚而多财，益增其过。"这与我们家一直都信奉的"家财不为子孙谋""遗财不如遗德"的道理不谋而合。中华民族有"修身、齐家、治国、平天下"的家国情怀，治好家也是修身的具体体现，治好家才能从好业。换言之，"正人必先正己，治国必先治家"。仅仅管住自己、独善其身是不够的，还要与父母、配偶等亲属一起廉洁治家。

我可以向你保证我绝对不会做影响我们家幸福发展的事情,更不会做违反党纪国法的事情,也请你做好监督,这也是你作为一名贤(廉)内助的要求。

很多触目惊心的案例,往往能给人以警醒和启迪,加之我们所在单位领导非常重视廉洁,专门搞了这么一次"征集廉洁家书"活动,使我们受到更多的教育和启迪,更加深入思考这个问题,真正从灵魂深处懂得廉洁的重要性。

光阴荏苒,岁月如梭,我们从相识到相恋到相爱已经度过了美满幸福的十余年时间。我们共同呵护着爱的港湾,如今我们的孩子也上学了,正在快乐的成长,幸福洋溢在生活的每一天。我希望我们共同珍惜这一切,注意纯洁社交圈,净化生活圈,规矩工作圈。

今后的日子,让我们共同营造一个清正廉洁的家庭环境,我会更加努力,为你和孩子打造一个安全的避风港,希望我们能一辈子幸福快乐。这是我对你的承诺,也是我的廉政宣言。

李铁军,中共党员,副高级工程师,国网银川供电公司运维检修部输电运检室副主任。

家的故事
family story

孩子,让我们共同成长

汪海英

亲爱的孩子:

每天你去学校上学,放学回到家,休息没多久,再继续完成学校的语文、数学、英语作业;周末时,你又急匆匆地去兴趣班上课。看着你那瘦小的身影,我不禁想起了许多许多……

孩子,在我们的心里你永远是最优秀的。记得上次咱们出去吃饭,后来因为车坏了,我们只能步行回家。我以为路途太远,你会不乐意,没想到你的状态特别好,一路蹦蹦跳跳,有说有笑,我们一边走一边观赏夜空,当时你给我写了一首诗,诗的名字叫《我和妈妈》。

我和妈妈就好像夜空中的月亮和星星,
妈妈是月亮,我是星星,距离很近很近;

当我做坏事时,月亮变成了月牙,那是妈妈生气了;

当我很乖、很听话时,月亮变成了白玉盘,那是妈妈笑了。

孩子,妈妈觉得你是一个细心的好孩子,会观察、会表达,妈妈为你高兴。

孩子,在我们的心里你永远是最优秀的。我记得学校春季运动会的时候,你坐在看台上,班里有比赛项目时,你挥着小拳头,嘟着小嘴巴,大声地为同学们呐喊助威;闲暇时,你捧起一本书,立马变得安静、投入。

孩子,在我们的心里你永远是最优秀的。今年母亲节,你做了一张贺卡给我,贺卡里你写了一段话,说谢谢我,谢谢我的养育之恩,我是你一生一世的妈妈,祝我身体健康,我对你的教育、批评,那些都是出于爱。孩子,妈妈觉得你懂得体谅别人,会理解、会感恩,妈妈为你高兴。

孩子,在我们的心里你永远是最优秀的。记得你每次遭受挫折时,爸爸给你安慰,你都能很快地自我调解,即使受了伤你也会很坚强。参加朗读比赛海选时,你被淘汰了,一脸委屈地看着爸爸;数学成绩下滑了,你的情绪很低沉;脑袋无意中撞到墙上了,你抱着我哭了,但是这些都没有让你气馁。孩子,海明威曾说过:"一个人可以被毁灭,但不可以被打败。"妈妈想对你说:"只要你心里装满阳光,无论做什么事情都会变得简单。"

孩子,爸爸妈妈相信,你一定会在以后有更大的改变。只要我们确立了目标,分阶段地一个个实现,一个个完成,脚踏实地,没有完不成的,没有实现不了的。

孩子,爸爸妈妈希望你成为一个有能力、有实力、有担当,用头脑和良心闯世界的男子汉!

汪海英,中共党员,银川农村电力服务有限公司郊区分公司专责。

家的故事
family story

写给即将入园的儿子

常盛楠

臭儿子：

这么喊你的时候，耳边不自觉地就出现了你奶奶的声音——臭爸爸。回到家中，你已入睡。你肉乎乎的小屁股露在外面，把小毯子压在身下，衣服也卷到了腰上。小鼻孔可能堵着了鼻涕，嗓子发出呼噜呼噜的声音。轻轻地为你盖上毯子，看着你睡熟的脸，我心里感叹着，你已经长这么大了！

也许我不是一个合格的父亲，睡觉前没有绘声绘色地给你讲过故事，也鲜有时间能陪你酣畅淋漓地对战，甚至在你生病时都不能悉心地照顾你……我不想你长大，希望能弥补我的遗憾，让你无忧无虑。但一切都阻止不了你成长的脚步，你终归要独立去面对未来。

两个月后你就要入园了，爸爸希望你能顺利地度过这个从家庭到幼儿园的过渡，少一些焦虑，多一些快乐。

臭儿子,你要真正地开始自己的事情自己做了。幼儿园里老师少,小朋友多,不像在家里爸爸妈妈只需要照顾你一个,对你关注度那么高。老师只能尽可能去顾全大局,所以你要照顾好自己,冷了加衣服,热了脱衣服,喝水、上厕所都要提前做准备,有什么不明白的地方要大胆问老师,老师都喜欢积极提问的小朋友。

臭儿子,你喜欢笑,多用你的笑容去交朋友。记得那个小浣熊和其他小朋友一起玩沙子的故事吗?你要大胆、大声地跟别的小朋友说:"我可以和你们一起玩吗?"多说礼貌用语,"谢谢""不客气""对不起",做讲文明懂礼貌的孩子,这样大家都会喜欢你,愿意和你一起玩。

臭儿子,进入幼儿园只是你长大开始的第一步,以后,我不知道你会怎么看待这个世界,也不知道世界会如何对待你,也许慢慢你会发现这个世界根本没有魔法和神仙,大人都很无趣,美好的背后也很残忍,书本上的原则最终也敌不过现实的规则……你会经历越来越多,甚至是生离死别。我只希望你所有的经历都能让你成为一个正直、坚强、快乐、自信、幽默和独立的小伙子。

长大后的你可能会不屑"臭儿子"这个称呼,那么,小伙子,背上你的小书包,去吧!加油!

常盛楠,中共党员,宁夏公司技经专家,工程师,国网银川供电公司建设部技经专责,曾获宁夏电力公司先进工作者荣誉。

家的故事
family story

家庭平安是最大的心愿

王心怡

敬爱的老爸：

您最近好吗？我在学校一切都好，请爸爸不要担心。

现在凌晨4点半，想必您睡得正酣，也不打电话或发信息打扰您了，就写封信吧。很长时间都不写信了，觉得手好生。刚看了央视播放的由中纪委和中央电视台联合制作的反腐专题片《永远在路上》，内心震动很大，久久无法入睡，就提起笔来给您写封信吧。

记得从上小学开始，不论是在学校还是在家里，老师和您经常给我讲一代廉吏于成龙"义不辞难，匡扶天下"的责任情怀，焦裕禄"心中装着全体人民，唯独没有他自己"，孔繁森"热爱人民、无私奉献为人民"的公仆精神，这些让我记忆犹新。现在我还常常下载观看，每一次观看都让我心潮澎湃，感慨万千，一次次为他们勤政廉明、对国忠诚、一心为民的事迹感动地流下泪水。

在爸爸和老师的影响与教育下，我通过勤奋学习和自身的不懈努力考上了大学，并成功获得出国留学的机会，目前即将毕业，回国后很快会进入社会。不论将来从事何种职业，我都会永远把廉洁当成信念，洁身自好、自律自强，自觉抵制纷繁复杂的诱惑，在滚滚的社会洪流中不至于迷失方向，努力成为建设国家的有用之人。

您现在是中央企业最基层单位的党支部书记，上级安排您在这个岗位，是上级组织对您的信任和对您工作、品德的肯定。我希望您坚持原则，把廉洁牢牢地印在脑海里，走廉洁之路。

钱是好东西，它可以满足我们的欲望，带来富足的物质生活，能买到房屋，但买不到家；能买到娱乐，但买不到愉快；能买到一切，但买不到幸福。

我现在什么都不缺，我很知足，我将来也会靠自己的智慧和辛勤的汗水赚取所得，用得心安理得。平安是福，爸妈身体健康、心情愉悦、家庭和睦、平平安安，就是我最大的心愿。

爸爸，我为您骄傲！

王心怡，宁夏天净元光电力有限公司王瑞祥同志的女儿，共青团员，硕士研究生，就读于英国斯特拉斯克莱德大学高级电力工程专业。

家的故事
family story

我独立了,您可以歇歇了

李振宁

亲爱的父亲:

写这封信的时候,我能够想象到老妈又在准备可口的晚餐、给花浇水,您在看电视,要么是抗战片,要么是钓鱼爱好者节目,这样和睦的场景在我眼前一直浮现。

我多次提议给您换个新手机,带您买件新衣服,带您尝尝我们聚餐时吃过的美食,甚至带您老两口看看新上映的电影。您拗不过我,在吃过一次饭后,看过一次电影后,为您买过一次衣服后,您却说,太贵了,不好看,有穿的,就连用的实在不顺手的手机都舍不得换掉。嘴上您说的好像并不那么顺耳,但我心里明白,您和妈妈是想为我省钱。但当偶尔听我念叨过想吃什么可口的饭菜时,却又第一时间偷偷学着为我做。

您和母亲是世人眼中典型的中国式家长,大概也是全世界最乐于奉献的一辈人。习惯了为儿子付出,习惯了和大家保持一样的步调,毫无怨言地继续照看孙子,这仿佛成了一种轮回。

上大学是我与您分别最久的时候。在学校,我觉得获得了自由和解放,而身边的同学却都在想家。我当时不太理解,但当您跟我通话时流露出刻意掩饰的关爱时,我才明白,家是最温暖的港湾,您是我最坚实的靠山。

从小您就教育我要拥有独立的人格,做一个为他人着想的人,成为一个善良的人。来到供电公司工作后,我一直铭记您的教导,勤勤恳恳工作,踏踏实实做事。晚上的时间也从上学时的自习变成了工作后的画线路图、写报告、走 PMS 系统流程,这些让我更加明白学习是一辈子的,只要有饱满的热情,我就可以更加善良地对人对事,用信念去践行理想。我最感谢您的是,工作中遇到困难您帮我想法解决,产生了怨言您帮我疏导。

我在想,只有亲情才会如此不顾一切地牵挂你,为你担忧为你欢喜。我现在拥有满意的生活,同样是因为您的教导,您和妈妈营造的家风所带来的。

小时候别人会夸一个孩子懂事,但不明白懂事是什么意思,只当一句表面的夸赞。长大了,才知道懂事就是换位思考去体谅别人。我常常问您和妈妈缺什么,你们永远是那一句:什么都不缺。这句话如此简单却又如此扣动我的心弦。我希望您能过得洒脱一点,至少有些愿望能给我讲讲,让我帮您一起实现,哪怕是旅游、吃顿饭、培养个兴趣。现在我独立了,请让我陪您再做做喜欢的事情吧,就像您当初带我那样。

李振宁,助理工程师,国网银川供电公司贺兰县供电公司配电运检班员,曾获优秀学报编辑奖、步步高海报设计三等奖。

家的故事
family story

愿你做个小小太阳

唐怡雯

亲爱的迈迈：

当妈妈开始为你写寄语的时候，脑海里全是你的影子和优点。

儿子，你是善良的。聪明是一种天赋，而善良是一种选择。我们的国家是一个拥有深厚文化底蕴和道德素养的国家，《三字经》《弟子规》……一切传承下来的文明都告诉我们：百善孝为先。你的善良切不可被自己所谓的"坏脾气"蒙蔽，面对长辈们对你无微不至的关爱，要心存感恩，用自己小小的实际行动为家人奉献你的爱。试想当你和姥姥一起收拾餐桌的时候，当你为推着自行车的爷爷拉开大铁门的时候，当你给姥爷去拿手机的时候，当你对奶奶说声谢谢的时候……那一刻的迈迈，一定会像阳光一样温暖。

儿子，你是单纯的。单纯得像一杯清水，像一张白纸，像还没有落下脚印的积雪。诚实守信、有爱心、有责任心、有正义感、懂得宽容，这些优秀的品质就如同一把刻刀，把你这棵小树的旁枝末节都修剪掉，让你成长为一棵笔直的参天大树。与此同时，你要有团队协作能力，要遵守游戏规则，要有自己的原则和底线，要自律与自制，这些生活中的必杀技就像百度地图的导航，能够指引你少走弯路到达目的地。

儿子，习惯在于培养，你要提醒自己从点滴做起，塑造优秀品质，培养良好习惯。随着你一点点长大，迟早会变成一匹不愿意被缰绳束缚的小马驹，那时候潜移默化在你身上的"好东西"就会像哈利·波特的魔法，为你生出一双翅膀，跑得更远、飞得更高……

现在你是一名三年级的小学生，还有9年的学习时间要用来给自己的未来打基础——你的楼房高不高、结实不结实，全看自己了。妈妈希望未来你成为一名男子汉的时候，能够挺直了腰杆去选择自己喜欢的职业，用知识换取高薪，过自己喜欢的生活。试想一下，当你说一口流利的英语、写一手漂亮的好字、有拿手的本领、优异的成绩去丹麦乐高总部应聘总经理，抑或满面赤红地拿出全是不合格的成绩单、自己的名字写得歪歪扭扭、什么特长都没有而被一家家公司拒之门外，二者相比，哪一个更能让你快乐呢？学习是你自己的事情，学到的每一项本领也都是在给自己增添砝码，所以从现在开始，一定要打好基础，而打好基础的前提仍然是良好的学习习惯——专注。当你专注的时候就会聚精会神，专注的时候就会抓紧时间，专注的时候就会更快更牢固地理解和记住知识点。专注能让你事半功倍，专注也是一列动车——拉开孩子们间的差距。你愿意坐在这列动车上奔向成功吗？

迈迈，你很好强。好强是愿意把事情做得比别人好，而不是不愿意认输和认错。每个人都有自己的强项，做一件事情的时候也会因为很多因素而影响结果。无论怎样,在做事的过程中要尽力而为,不留遗憾。说到认错,其实也是一个人的素质。犯了错而不肯道歉并没有让你更加强势,反而令别人反感。如果诚恳地向对方说一句对不起,那么你换来的是别人的原谅和对你的喜爱与尊重。会道歉的人一定比不会道歉的人情商更高,所以请你学会说对不起。

最后,妈妈要跟你谈一谈坚持。一只小老鼠,坚持去啃一座高塔的柱子,高塔就会倒塌;一滴水不停地滴答下来,石头就会被滴穿;一根铁棍子不停地去磨它,就会变成一根小小的针……这就是坚持的力量。当你坚持听英语,就一定能听懂并且终有一天能够用流畅的英语对话;坚持练字,就能写出令人赏心悦目的文字;坚持下棋,就会在潜移默化中形成严谨的思维模式。把一件事分成一段一段的小目标,全心全意实现每一个小目标,努力坚持,就如同你最喜欢玩的游戏《我的世界》一样:自己搭建一个美好而宏伟的世界。

加油,儿子,让阳光照耀在你身上,做一个阳光少年;用你的光和热,去照耀他人、温暖世界,做一个小小的太阳。

唐怡雯,中共党员,工程师,银川农村电力服务有限公司专责。

孩子,祝你平安幸福

李 翔

顺宝:

2017年在你即将一岁之际,写一封信给你,希望你健康成长,等你长大后看到此信,能够回忆起你的童年往事。

2016年夏,在一个晴朗但有些燥热的天气里,你呱呱坠地。看着你娇小的手脚,我和妈妈倍感幸福,从此我们的生活多了一份牵挂。你是一个爱笑的孩子,在未满月时就会冲我们微笑。月嫂奶奶说你是一个聪明的宝宝,但你却不爱抬头,能够抬头直立时已经比其他孩子晚了,不过这些并不影响你快乐的成长。

爸爸希望你今后成长的道路有提高、敢拼搏、有理想、知感恩。每个人都追求幸福快乐的人生,但这样的生活是不能靠等的。"宝剑锋从磨砺出,梅花香自苦寒来",无数事实证明,聪明的人不一定能成功,既具聪明才智

又能很好把握自己的人,将来一定能成功。

孩子,爸爸想对你说的话还有很多,这些话都来自我的亲身经历和体会,希望你细细品读并落实到今后的言行中。

李翔,中共党员,工业工程师、二级企业人力资源管理师,国网银川供电公司党委组织部(人力资源部)副主任、机关第一党支部副书记,曾获宁夏电力公司人力资源工作先进个人、银川供电公司先进个人等荣誉。

学会勤俭　幸福陪伴

刘振华

女儿：

　　今天有一种冲动，就是以传统书信的形式跟你说说话，好吗？平时忙于工作，很少与你深入交流，不知不觉你已经长大了。几年来，我和妈妈为你付出了很多心血，看到你茁壮成长，现在很是欣慰。把孩子培养成一个有益于社会、自主独立的人，培养成具有健全体格和人格的人，是所有父母共同的心愿。

　　前些年，随着我们家经济条件的不断改善，不知不觉间，爸爸变得有些懒惰了，花钱也大手大脚了，以至于一些该做的事情没有做好，不该花的钱倒是花了不少。因此，原本已经厚积起来的家底渐渐变薄了。为此，爸爸妈妈之间相互埋怨，争吵越来越多，家庭也没有以前和睦了，其实是我们丢弃了勤俭持家这个法宝。

家的故事
family story

诸葛亮把"静以修身,俭以养德"作为修身之道,而王安石更是说出了"豪华尽出成功后,逸乐安知与祸双"的道理。在我们民间也有许多关于勤俭的深刻认识,诸如"俭开福源,奢起贫兆""奢侈者,危亡之本""居家不可不俭,创业不可不勤""勤俭富贵之本,懒惰贫贱之苗""坐吃山空,立吃地陷"等等。古人还用"常将有日思无日,莫待无时思有时"来提醒人们要牢记勤俭二字。晚唐诗人李商隐在《咏史》中写道:"历览前贤国与家,成由勤俭败由奢。"纵观古今历史,大到邦国,小到家庭,无不是兴于勤俭,亡于奢靡,短短十四个字,把勤俭在国家兴亡中的重大价值揭示得很透彻。清代徐荣的"街头庙脚褴褛身,半是当年奢靡人"更是从反面指出了奢侈浪费的危害,以及节俭的重要意义。

我越来越明白了,一个人、一个家庭若能勤能俭,就一定懂得珍惜,懂得感恩,明白责任,知道进取。反之,如果一个人沉迷于物质享受之中,肯定会走向颓废。其实,勤俭就是一种精气神,它不仅是持家治国之道,还是修身之道、立身之本、教育之法。

女儿,跟你说这些,一是表明爸爸有了感悟,有了改过的决心,希望你来监督我;二是你已经上学了,希望你也能养成勤俭节约的习惯,把勤俭作为一种修养、一种美德,一生修炼、一生坚守。

祝女儿学习进步!

刘振华,中共党员,高级工程师,硕士研究生,国网银川供电公司营销部滨河新区客户服务分中心主任,曾获自治区党委、政府中阿博览会先进个人、银川市智慧城市高峰论坛先进个人等荣誉。

写给未来的一封信

吴小刚

亲爱的孩子们：

想必你们现在已经二十岁了，按照中国的传统观念，你们已经是成年人了，可以自主决定生活方式和人生道路了。你们将面临一系列的人生课题，如求学、恋爱、婚姻、家庭、职业等等。如何完成这些课题，将是你们人生的重大决定。

在这个最重要的时刻，爸爸想对你们说：

人总是在困难中前行的，千万不要抱怨。生命犹如溪流，源于何处，流经何处，归向何处，由不得自己，无所谓好坏，应坦然面对，全盘接受。抱怨是弱者的心态，于事无补，于人于己无益。

烦恼与快乐只在一念之间，守住善念不移。纵遇违逆，莫生恶念，善待每个人。

家的故事
family story

人的价值在于付出,多帮助别人,快乐的是自己。

学习是一种能力,也是一种享受。掌握一门专业知识,便拥有了进入社会的名片。专业没有高低贵贱之分,只有热爱自己的职业,才能拥有美好的未来。

工作不只是为了谋生,更重要的是要快乐。干什么不重要,喜欢就好;钱多少不重要,够用就好。最重要的是在工作中释放能量,释放快乐,释放人格之美。

爱情不是拥有,而是相互赠予。正确认识爱情观,不排斥,不攀附,善良真挚地对待自己的爱情,切莫追求完美,切莫迷信激情,相信丘比特会眷顾每一个善良的孩子。

相对宇宙,地球很渺小;相对人类,个人很渺小。爱护自己,悲悯众生,欣赏自然,乐观自在,安身之处即故乡。财富、地位仅是身份的象征,个人的本质特征是心灵。心量大者,不计较、不比较,烦恼随风散,动静皆自由。

二十岁的韶华,色彩斑斓,多彩绚丽。二十岁是多么美好的年纪,请记住,我的孩子们:身体比事业重要,成长比成功重要,追求比超越重要。人生是一个生命的过程,要好好享受这个过程,我的孩子们,爸爸妈妈会永远爱你们。

吴小刚,中共党员,工程师,国网银川供电公司建设部建设协调专责,曾获得银川供电公司先进个人、宁夏电力公司运检先进个人等荣誉。

给丈夫的一封信

李云霞

张弛:

你好!

好久都没拿起笔给你写信了,当你收到这封信的时候,一定感到非常吃惊吧!是的,今天静下心来,我想把自己对生活的一些想法告诉你,让你与我一起承担责任。

我希望你永远保持纯净的心灵、善良的天性和高尚的人格,去从事自己的事业,去创造更加美好的未来,做一个真正的人、一个朴实的人、一个负责任的人。

我相信你一定能严格要求自己,防微杜渐,不让尘埃近身。

人非圣贤,不可能永远正确,因此,工作中我们要互相帮助、互相提醒、互相监督,不断在总结及反省的过程中去伪存真,增强经验的积累、能力的提高和灵魂的升华。

明天又是新的一天,看着你熟睡的样子,我感到深深的幸福。你是孩子的偶像,是我的依靠,是家庭的主心骨,是我们家幸福的源泉。我为你是正直而无私的人骄傲。所以,我希望你能时刻保持一颗警醒之心,经常擦拭心灵,洁身自好,让尘埃无处藏身。

祝身体安康,一切顺畅!

李云霞,宁夏天净元光电力有限公司灵武配网建设中心经理张弛同志的爱人,中共党员,曾获宁夏电力建设咨询公司先进工作者等荣誉。

家书篇

给爸爸的一封信

张 俊

亲爱的爸爸：

您好！

一直有很多心里话想对您说，但不知从何说起，更不知如何开口。今天借此机会想跟您好好说一说。

您总说父母是孩子的第一位老师，孩子是父母的镜子。是啊！父母的言行是一种潜在的无形力量，在生活中潜移默化地影响着孩子的心灵，塑造着孩子的人格，在孩子成长的道路上都会打上父母的烙印，在我身上亦是如此。

还记得小时候玩火，把中宁电厂电影院门前的一棵松树烧了，您知道后主动找领导说明情况，承认错误，并主动提出扣发自己的当月奖金。是您教育我，做错事要勇于担当，改正错误。

家的故事
family story

还记得妈妈做手术住院,您为了不耽误工作,就让上小学三年级的我,放学自己去食堂吃饭,自己在家写作业,自己睡觉。因为一个人在家害怕,我把家里的灯全开着等您,在沙发上睡着了。晚上您照顾完妈妈回来,悄悄地把我抱上了床,这期间您没有请过一天假,我总是这样在沙发上睡着,在床上醒来。直到我有了孩子后,才懂得这些对一位父亲来说有多揪心,多牵挂。您时刻以一名党员的标准要求自己,不给组织添麻烦,自己默默克服困难。是您教导我,要踏踏实实,热爱工作是一名工人应尽的本分。

您做的一切都影响着我的世界观、人生观,而且作为一名优秀的共产党员,严于律己,宽以待人,这更是我的榜样、目标。是您的言行品格感染着我、教育着我、左右着我的人生态度,带领我一步步成长。如今的我也成了一名光荣的共产党员,多次被单位评为"先进个人""优秀共产党员",我取得的这些荣誉都和您的教导分不开,谢谢您爸爸!

家风如细雨,润物细无声。我一定把握好自己的言行,严格要求自己,教育好您的孙女,同时努力工作,做一名像您一样的共产党员。

张俊,中共党员,工程师,国网银川供电公司建设部建设协调专责,宁夏评标专家,曾获宁夏电力公司优秀项目经理等荣誉。

家书篇

一封"老"家书

任 华

儿子：

你寄来的照片和光碟我们已收到，得知你一切均好，深感欣慰。你现在已经是一名光荣的军人了，应该感到很自豪。部队生活是你新的人生起点，也是对你意志力的考验，你要以积极向上的心态去磨炼自己的意志。要充满自信，相信自己一定能做好一切。现在部队训练很紧张、很艰苦，要按时吃饭、休息才能很好地补充营养和体能。训练时一定要注意安全，加强自我保护意识。军营生活规律性很强，望你严于律己，培养良好的工作和生活习惯。闲暇时间要抓紧学习。得知你还报名参加了学历教育，能在军营边训练边学习真是件很好的事情，你要多多珍惜。一人出门在外，领导、战友就是你身边的亲人，要跟领导、战友和睦相处，互相帮助，互相关心，尊师敬友，使自己早些适应部队生活并在军营快乐地成长。

家的故事
family story

男儿当自强,总之你要克服当下的一切困难和不适,多问、多看、多动脑,行动快速,思想上积极要求上进,望你能早日加入中国共产党。

两年的部队生活是很短暂的,一定要坚持到底,希望你能通过部队的锻炼,为你今后的生活和工作打下良好的基础。我们在这里一切都好,你不要惦记家里的事,收到这封信时可能已经过新年了,我们大家都祝你新年快乐,身体健康,万事如意。

任华,中共党员,高级工程师,宁夏天净元光电力有限公司变电建设中心经理,曾获银川供电公司、元光公司优秀共产党员、优秀中层干部、先进工作者等荣誉。

家书篇

盼你长大　也怕你长大

董　捷

每天晚上看你入睡，我久久不愿离开。微黄的灯光下，你小脸粉嫩，呼吸均匀，小手紧紧地抱着我的臂弯，周身散发着娃娃香。

你有安定我心的神力，什么都不用做，就让我心旷神怡，忘却一切不快。

从你出生那日起，我无数次这样看你。

你酣睡，你开怀大笑，你咕咚咕咚喝水，你大口大口吃饭，你嘟嘟囔囔玩过家家，你目不转睛看动画片……

我看着你，幸福溢满心底。

我的确为你付出很多，但你给我的幸福，早已无数倍偿还。

你纤尘不染的童真和爱，温暖着我，感染着我，改变着我。

若要感恩，我更该感恩你。

人说，母爱是一场渐行渐远的离别，我知道，这场离别也在未来等着

家的故事
family story

我。看着你渐渐长大，解锁了越来越多的技能，具备了越来越多的思想，认识了越来越多的小朋友，有时候想揽你入怀却被无情地拒绝，我好失落，好难过。所以，我必须马不停蹄地爱你，趁你还在我的怀里，在这仅有的灿烂的时光里。

总有一天，你会从软软糯糯的小宝贝，变成独当一面的大人。

我愿你，幸福单纯，单纯地相信快乐。

我愿你，坚强、勇敢，能够在强权、暴力、诱惑面前说不。

我愿你，品味高尚，认真地发现生活中的美，而不是附庸风雅。

我愿你，拥有梦想，能够幸运地找到并拥有实现梦想的能力。

我不求你地位显赫、名扬万里，但对你的成就无所寄望并不等于对你的品格无所寄望。

我希望你来到这个世界不是白来一趟，能有愿望和能力领略它的好，并以自己的好来成全它的更好。

我希望用尽我的所有教会你成长的技能，等到那时我会轻轻放手，让你远去，不管多么失落与舍不得。

董捷，中共党员，助理工程师，银川农村电力服务有限公司郊区农电分公司专责，曾获银川供电公司先进个人等荣誉。

你是我和儿子的骄傲

赵素红

利明：

　　作为你的妻子，我明白肩上有很多责任，做一个好妻子、好儿媳、好妈妈，更重要的是做好你的贤内助，时刻提醒你在工作中要廉洁从业，树立廉洁家风。

　　我知道你现在的工作岗位很重要，所以你要时时刻刻铭记是党培养了你。现在你作为单位的一名中层干部，有了一定的权力，让你违背原则、求你办事的人肯定有之，希望你时刻保持清醒的头脑，珍惜单位给你展示才华的机会，时刻把廉洁二字刻在脑海里，形成良好的从业习惯，为自己铺就一条廉洁之路，让家人以你为荣，让单位领导放心。

　　你年轻时付出了很多，一天到晚不着家，老是说工作忙，如今，你也快50岁了，想想这些年走过的路，我和儿子为你骄傲。

家的故事
family story

  一家人平平安安就够了,我们有一个儿子,一家人通过自己的努力,就会有幸福的生活,保持一颗平常心,开开心心地生活。一个人活在世上,声誉比生命更重要,你的形象不是你个人的,是单位的,是集体的,也是家的,我和儿子相信你能成为我们的荣耀。

  我相信你是一个诚实的人、纯洁的人,在工作中你要时刻把握自己,清清白白做人,干干净净做事。为了我们家庭的幸福,为了所有爱你、关心和信任你的人,让我们共同营造一个清正廉洁的家庭环境。今后的日子,我会用更多的爱为你营造温馨的家庭,这就是我对你的承诺。

  赵素红,宁夏天净元光电力有限公司工程部主任封利明同志的爱人。

家书篇

做一个善良的人

江 华

儿子：

爸爸妈妈很高兴你像天使一样降临我们家。今年你快6岁了，从小到大你就是个慢性子，由于爸爸和妈妈对你的要求一直很高，使得你每天在快乐的同时，还会苦恼较多的课业。很多时候你的作为都让爸爸为你感到自豪，当然很多时候也许要求过高，爸爸也会很沮丧。

爸爸信奉的是逆境教育，很多时候爸爸都在模拟这个世界，想让你不要觉得现在的一切都是天经地义的，一切都是理所当然的。当这些不顺心的事困扰你的时候，可能你会很沮丧、很逆反，但是爸爸希望你能克服一个又一个的逆境，慢慢成长。

前几天我去幼儿园接你，看到你在抢小女生的纸飞机，她都已经哭了，你却站在旁边拿着对方的飞机，理直气壮地说"我先玩玩怎么了"。爸

> **家的故事**
> *family story*

爸觉得你这样不对,所以说服你、教育你,但是看得出来你觉得无所谓,你的理由是她不是你的好朋友!当父亲的总容易过于纵容或者过于严苛,我知道抢别人玩具这个事情在孩子的群体里也许是一件正常的事,也许只有你长大后才会明白我为什么逼着你第二天去给她道歉,但是儿子,爸爸希望你记住,不论你以后过得怎么样,你都要先做一个善良的人,这是你以后为人处世最基本的底线,是你安身立命的基础。

江华,中共党员,高级工程师,工程硕士,国网银川供电公司信息通信分公司副主任,宁夏电力公司信息通信专家。

家书篇

孩子,珍惜共聚的时光

田江斌

亲爱的儿子:

爸爸想和你说说人生的经验,我是你父亲,我不和你说,没人会跟你说。这些从失败中得来的经验,可以为你的成长提供帮助。

对你不好的人,你不要太介意。在你的一生中,没有人有义务要对你好,除了我和你妈妈。对你好的人,你一定要珍惜、感恩。

没有人是不可以代替的,没有东西是必须拥有的。看透了这一点,将来就算你失去了世间最爱的,也应该明白,这并不是什么大不了的事。

生命是短暂的,今天或许还在浪费着生命,明天就会发觉生命已远离你。因此,愈早珍惜生命,你享受生命的日子也会愈多。与其盼望长寿,倒不如早点享受。

爱情只是一种感觉,而这感觉会随时间、心境而改变。如果你所谓的

家的故事
family story

最爱离开你,请你耐心地等待一下,让时间慢慢冲洗,让心灵沉淀,你的苦就会慢慢淡化。不要过分憧憬爱情的美,不要过分夸大失恋的悲。

虽然很多有成就的人没有受过太多的教育,但并不等于不用功读书也可以成功。你学到的知识,就是你拥有的武器。人可以白手起家,但不可以手无寸铁。

我不会要求你供养我下半辈子,同样我也不会供养你的下半辈子。当你长大到可以独立的时候,我的责任已经完结。今后无论你坐公交还是开奔驰,吃鱼翅还是吃粉丝,都要自己负责。

亲人只有一次缘分,无论这辈子我和你会相处多久,你一定要珍惜共聚的时光,下辈子无论我们爱与不爱,都不会再相见。

田江斌,预备党员,工程师,宁夏天净元光电力有限公司银川配网建设中心项目经理,曾获元光公司先进工作者等荣誉。

家书篇

你的笑容是我幸福的源泉

宋岩龙

亲爱的女儿：

不知不觉你已上了初中，从小到大，这是我第一次给你写信。在这个信息化高度发达的时代，人们都是通过邮件、QQ或微信等网络聊天工具联络，信件显然是最老土的联络方式了。要不是这次公司发起"传家训、写家书、立家规"的活动，我也没有想起要给你写信。也许你觉得可笑，爸爸每天陪伴在你身边，有什么话不能当面讲，还要写信，实在有些画蛇添足。但是我还是要写这封信，我希望你在父母为你营造的安全港湾里幸福地过一辈子，这是幸福的承诺，也是安全的承诺。这封家书，就算是爸爸在你人生道路上给你上的一堂"安全教育课"吧！

在你蹒跚学步时，我和妈妈牵着你的小手，领你绕过路上的石子；在你背着书包上小学时，我们不厌其烦地叮嘱你，要遵守交通规则，小心车

家的故事
family story

辆;在我和你妈妈上班临出门前,还要嘱咐你在家玩耍注意安全,不要玩火,不要乱动家用电器,雷电时把门窗关好……成长的道路上渗透着父母的心血,你的将来,承载着爸爸妈妈的希望。

还记得吗?在你刚刚学会认拼音的时候,我就给你买了一本儿童自救手册《这时候我该怎么办?》。当时朋友说,我干电力这一行干得有些神经过敏,觉得世界上到处都有危险,自己神经绷得紧不说,还要给孩子施加压力。其实不然,正因为耳闻目睹了太多有关安全方面的事故,才让我觉得,从小让你了解安全知识、学会保护自己是多么重要。

小时候我给你讲过这样一个故事:从前有个小和尚跟老和尚学剃头,老和尚让他先拿冬瓜练习。小和尚有个坏习惯,每次练完功后,总是将剃刀插在冬瓜上。后来给老和尚剃头,剔完后便顺手将刀插在了老和尚头上……后果可想而知,你却听后大笑不止。给你讲这个故事,就是想告诉你,有些不该发生的事,都是由于平时不注意养成良好的习惯酿成的悲剧。

每次出门,你总能给爸爸很清楚地背诵"红灯停、绿灯行,过马路左右看,要走人行横道线……",但是我还是不厌其烦地一遍遍叮嘱。连你同学都说,你爸真磨叽,成天安全、安全的,耳朵都出茧子了!我听后只是笑笑,没有过多的解释。后来你跟我说,你的同学上学路上买零食吃,过马路时,只顾数他手中商店给找的钱,忘记了身边疾驶的车辆,被迎面而来的轿车撞成了重伤,送进了医院,一年多没来上课,书包放在班里很长时间没人来取……这使我清醒地认识到,安全教育对你是多么的重要啊!

你同其他孩子一样,拥有幸福的家庭,在父母的呵护下茁壮成长;而作为电力员工的孩子,你又有不同于其他人的成长经历。爸爸从事的是电力线路建设工作,忙时需要加班,不能常常守在家人孩子身边,特别是节假日和重要保电的时候,家家在庆祝团圆,我们却要时刻准备抢修,为千家万户守护安全。当懂事的你打来电话说"爸爸,你要安心值班,注意安全,下班早些回家,我和妈妈在家等着你"的时候,一股暖流涌上心头。有了家庭的支持,我还想什么呢!在工作面前,为了千家万户的光明,为了大家能用上放心电,我们只能舍小家顾大家,用汗水和付出奉献光明。

亲爱的女儿,你的安全始终是爸爸妈妈的牵挂,你的笑容是爸爸妈妈幸福的源泉,你要时刻记住,安全是我们人生的保护伞,是家庭幸福的基石。

宋岩龙,中共党员,宁夏天净元光电力有限公司银川配网建设中心项目经理,曾获元光公司电工技能比武高压放紧线一等奖。

家的故事 *family story*

我会努力工作,认真生活

王萌萌

亲爱的爸爸妈妈:

作为你们的女儿,我真的很幸福、很幸运,因为我有一位开明的爸爸,有一个贤惠的妈妈,你们为我倾注了太多心血。现在我独立生活了,有能力为家里做一些力所能及的事情,终于可以向着你们希望的方向发展了。能得到肯定,我觉得做什么都是值得的。最重要的是,这也是我所期望的生活目标。

刚到公司报到,我就知道自己很幸运。这里有家的感觉,有良师益友,工作环境很好,老员工都很有朝气,很随和,对我们这些新员工也很照顾,所以,请你们放心,我会很快融入这个大集体的。无论以后遇到什么样的问题,我都会勇敢面对,积极解决。

你们辛苦了一辈子,我只希望将来你们可以好好享受天伦之乐。对于有些事情，可以试着放手，不要操太多心；对于有些人，以你们的阅历，我相信你们知道用最适合的方法来保护自己，做个快乐的人。我知道，此刻以我的年龄和经历，我不适合或者根本就没有资格说这些话，但这些都是我心里真正想要说的。和爸妈相处二十多年，你们遇到的快乐、悲伤和委屈，作为女儿的我，怎么会不知道呢？以前年纪小，看到你们为了生活辛苦奔波，不知道该做些什么来减轻你们的负担，现在你们也不需要我负担什么，可是我会尽我最大的努力给你们带来快乐。将来我也会遇到很多挫折、很多不快乐的事情，但我会学习爸妈，用一颗宽容、善良、热情的心去面对。女儿绝不会让你们担心和失望，我会让自己努力工作，认真生活。

最后祝愿爸爸妈妈身体健康，事事顺心。

王萌萌，毕业于重庆大学，国网银川供电公司信息通信分公司专责。

家的故事
天乐，姥爷爱你
郭瑞岐

亲爱的外孙：

　　三岁，是人生的第一个转折点，俗话说"三岁看老"，在你三岁生日之际，姥爷想对你说：

　　你的起点相对于你爸爸、妈妈生活的那个年代，物质条件要好很多，作为姥姥姥爷我们也会尽最大的努力让你生活得无忧无虑，但你一定要好好珍惜如此好的生活条件，要通过自己不断的努力，成为一个健康、快乐、自立自强的人，以适应将来瞬息万变的社会。

　　随着年龄的增长，你会说的话和能说的话越来越多了，基本上能清楚地表达出自己的想法和看法了。有时，你还会在大人不经意的时候，说出很多出人意料的话，童言无忌，全家人经常被你逗得开怀大笑。你偶尔也会为自己的想法反驳大人，而且说得还头头是道。

懂得爱,就要懂得给予,懂得分享。你现在已经有了明确的"你的""我的"概念,是自己的东西你会很坚决地捍卫它。即使不属于你的东西,如果你喜欢,你也经常说这是"我的",不允许别人碰一下。碰到好吃的东西,你连爸爸妈妈都不让吃。但渐渐地妈妈发现你在和别的小朋友玩的时候,也允许他们玩你的玩具了。

宝贝,你马上就要上幼儿园了,姥爷希望你能尽快适应幼儿园的生活,能照顾好自己,和小朋友们也能友好相处。在幼儿园的时候,要好好吃饭,按时睡觉,你的健康快乐是姥爷最大的心愿。

你是那么的聪明伶俐、调皮可爱。你提无理要求时的娇嗔,你生气发脾气时的样子,你吃饭撒了一身汤,吃得满脸米饭粒的时候,在我们眼里都是那么的可爱。当你抱着姥爷说"姥爷我好喜欢你"时,姥爷心里别提有多高兴了,别提有多骄傲了。但有时候你太任性了,犯错的时候,不听爸爸妈妈的话,气得爸爸妈妈要揍你。姥爷心里虽然心疼你,也知道这样的教育方式不对,但你实在太任性了,希望你以后不要再无端耍赖了。

最后,姥爷希望你长大后能够看到这封信,知道姥爷爱你!

郭瑞岐,中共党员,讲师,宁夏天净元光电力有限公司电动汽车运维中心经理。

家的故事
family story

写给女儿的一封家书

冯 蕾

亲爱的女儿：

你从襁褓中的婴儿到半岁的牙牙学语，到一岁的蹒跚走路，再到两岁的调皮捣蛋，你的每一步成长都让我欣慰，让我惊喜。女儿，今年你6岁了，已经成为我快乐的源泉、奋斗的动力、生活的牵挂。对于你的成长我还在慢慢适应中。人们都说陪伴是最长情的告白，妈妈会尽最大的努力参与到你成长的每一个阶段，陪你渡过每一个难关，分享你成长中的快乐。

陪伴的日子如白驹过隙，转眼你就6岁了，已经变成了一个有自己想法的孩子，可以表达自己的喜怒哀乐。在过去的这段日子里，因为有了你，原本平淡无奇的日子充满了欢声笑语，充满了阳光，我们家变得幸福而温馨。这段日子里，有讲不完的故事，说不完的趣事，都深深地珍藏在妈妈的记忆深处。我清楚地记得你第一次喊出一连串的妈妈、妈妈……这是你送给我的第一份礼物。记得你坐在行驶的汽车里,问我路边的大树为什么倒着跑,看着你一天天懂事,仿佛这世界上没有比看着你长大更幸福快乐的事情了。

妈妈希望你做一个懂得分享的人,因此每天睡前给你讲分享的故事,现在的你可以与小朋友一起分享了。看着你一点点进步,妈妈觉得很欣慰,希望你做一个坚强、勇敢的孩子,不管将来遇到何种困难和逆境,一定要有信心挑战自我、超越自我,努力去证明自我存在的价值和意义。这是妈妈最简单、最朴素的期望。希望你做一个懂得感恩的人。感恩是人一生最重要的品质之一,要感恩老师的辛苦培育,感恩同学的帮助,感恩周围的环境。学会热心与善良。当别人处于困境和无助时,你一句关切的话语、一双温暖的手或一个有爱的眼神,足以燃起希望的灯火。妈妈今天种下的这些希望的种子,在未来无数个陪伴的日子一定会慢慢生根、发芽、长大。当你变成一个亭亭玉立的大姑娘,看到这封信的时候,不知道是否还能记起妈妈每天在你耳边的碎碎念。

人们常说这世界上的所有爱都以聚合为最终目的,只有一种爱以分离为目的,那就是父母对孩子的爱,对此我却不以为然。我给了你生命,你给了我重新开始人生的机会;你开始学习飞翔,我尝试重新起飞。我们一直同步。成长的过程,虽然有许多小小的别离,但爱永远不会缺席,心永远在一起。

冯蕾,中共党员,助理工程师,国网银川供电公司电力调度控制中心配抢班长,曾获银川供电公司先进个人等荣誉。

家的故事 family story

妈妈,我爱您

来娜伊

亲爱的妈妈:

您好!我知道在您眼中,我永远是个不懂事、长不大的孩子,可您错了,我已经长大了,明白您对我付出的一切。

在您的辛勤培育下,我已成长为一个6岁的小女孩,也懂得了您为我所做的一切。每天下午6点半,您拖着疲惫的身躯回到家里,没有喘一口气就开始给我做饭,吃完饭后,连忙拿起我的作业开始检查。待我做完作业后,您又开始给我切水果吃。吃完水果,带我洗漱,哄我睡觉。

妈妈,我为有您这样的妈妈而感到幸福,我为有您这样的妈妈而感到骄傲,我为有您这样的妈妈而感到自豪。妈妈,我爱您!

来娜伊,6岁,调度控制中心冯蕾同志的女儿,银川市博文小学一年级学生。

妈妈,我会做一个优秀的人

纪 倩

亲爱的妈妈:

　　自从您把我生下之后,就无时无刻不在照顾着我。我是在您的关怀和呵护下慢慢成长的。女儿平时的吃穿都是您用辛勤的劳动和汗水挣回来的,您为了我的学业奔忙着、操劳着。从小到大,您花费了很多心血在女儿身上,女儿非常感谢妈妈对我的养育之恩。

　　记得小时候我做错事时,您不管有多生气,还是会原谅我,包容我;无论我有多调皮,您从不打骂我,只是耐心地教育我如何改正错误,教我如何做人。

　　妈妈,每当看见您那憔悴的面孔,我就想起您无私的母爱。记得小时候,是妈妈您接送我上幼儿园、煮饭、洗碗、洗衣服、打扫卫生……所有家务全都压在您一个人身上。为了不影响工作,您每天起早贪黑地完成所有

家的故事
family story

的家务,做到了工作、家庭两不误。女儿能一天一天地健康成长,都凝聚了您无限的心血。妈妈,我真的佩服您!

记得小时候我生病,您到处求医为我治病,担心住院相互传染,您就把医生请到家里一对一地为我调养治疗。每天上班临走时,您总是嘱咐我记得准点吃药、多喝水;下班回来时,您的脸贴着我的额头,把我搂在怀里逗我开心,问我想吃啥,然后背着我在院子里透气。

妈妈,现在女儿长大了,成家了,越来越能够体会到您的爱护及辛苦。妈妈,女儿爱你,您辛苦了!

时光碎片流转,我早已是热泪盈眶。感恩的话都不知从何说起,如果没有您,我就没有机会在这五彩缤纷的世界上品味人生的冷暖,也没有机会享受生活的甜蜜。感谢您给了我生命,给了我无微不至的关怀。

今后的日子里,我会努力去做一个优秀的人,去好好地尽孝道。

纪倩,中共党员,宁夏天净元光电力有限公司输电建设运维中心专责,获全国建设工程造价(土建、电气)资格证书。

感谢你们养育了我

梅　华

亲爱的爸爸妈妈：

你们好！长这么大，很少给你们写信，有很多平时当面讲不出来的话，我想通过这封信跟你们说一说。

爸爸妈妈，感谢你们养育了我，这份恩情是我一辈子还不清也还不了的。还记得在我彷徨无措时，你们为我指明前方的路，睡觉时你们为我盖被子，哭泣时你们告诫我男儿有泪不轻弹，要坚强……有太多太多爱的点滴，深深地印刻在我的脑海中。

现在，我在工作中认真努力地学习，向领导学习，向同事学习，学习他们工作中的经验和技巧，学习他们为人处世的态度。我会用自己的实际行动来证明给你们看，你们的儿子不会给你们丢脸。你们要多注意身体，别太累了。

> 家的故事
> *family story*

　　有些东西用言语是不足以表达的,但我还是想告诉你们,爸爸妈妈,我爱你们,你们辛苦了。如果有来生,我也一样要做你们的儿子!

　　梅华,中共党员,副高级工程师,国网银川供电公司副总工程师、运维检修部主任,曾获宁夏电力公司先进个人等荣誉。

家书篇

给妹妹的一封信

乔青青

亲爱的妹妹:

你好,转眼你已长成亭亭玉立的大姑娘,对小时候你那圆滚滚的可爱模样,姐姐还记忆犹新。

此时的你正站在人生最重要的路口——高考,别怕,这是每个人都会经历的一次,而人生也才刚刚开始。这场考试对你来说,就像之前大大小小的考试一样,只是重要了那么一点点,所以放宽心,我们相信你的付出和努力会得到回报,要相信自己。

高考结束,你也会收拾行囊去远方求学,那时你的身边也就不会再有父母和家人的呵护,你要学会独立,学会成长。我们最终都要远行,最终都要与稚嫩的自己告别,而告别是通向成长的苦行之路。

我们愿你做那个带着勇气与热情去面对一切的女孩,面对人生的种种不可测,怀着一份希望;也愿你在今后的人生中,不被其他事务所干扰,保留一颗真挚的心,坚持原则不改初心;也一定要记得,远在他乡的我们,会给你带去祝福。

永远爱你。

乔青青,中共党员,助理工程师,毕业于四川大学,国网银川供电公司运维检修部变电运维室运维三班班员。

希望你健康快乐成长

魏晓东

亲爱的女儿：

离你中考还有两个月的时间，在这特别的日子里，爸爸妈妈有许多的话要跟你讲。

孩子，十六年前你呱呱坠地，看着你娇嫩的小手小脚，我和你妈妈喜极而泣。从此，我们多了一份牵挂，而你的笑容成了我们的安慰和鼓励，你的哭闹成了我们关注的焦点，我们为你的成长倾注了全部心血。

孩子，你从小生活在爱的关怀下，无疑你是幸福的，但身为父母的我们，又时时为你担心，怕你生活成长的过于安逸，失去坚实的羽翼去搏击未来更广阔的天空，所以在你学习空闲之余，我们要求你做些力所能及的家务，你有时表现得很不乐意却又不得不去做。看着你委屈的样子，我没有让步，直到今天你能自觉主动地帮助爸爸妈妈做一些事情，而且不再有

家的故事 / family story

怨言,我们顿时觉得,孩子,你长大了!

孩子,在学习上我们每天陪伴你,对于你遇到的学习问题,我们不厌其烦地给你解答,有时对你比较严厉,每周还不停地给你联系补课和培训,希望你能理解父母的一片苦心。还有两个月就要中考了,希望你能没有负担地去参加考试。在这个世界上,没有知识是不行的,只有在年轻的时候多学一些知识,多学一些本领,才能更好地立足世界。

女儿,你现在还小,未来还会有很长的路要走,有更多的东西需要学习,无论你在路上遇到多大的困难,都要相信爸爸妈妈会帮助你,会永远爱你,希望你能健康快乐地成长!

魏晓东,中共党员,经济师,宁夏天净元光电力有限公司银川配网建设中心副经理,曾获得银川供电公司、元光公司先进工作者、优秀共产党员等荣誉。

写给儿子的一封信

杨熠鑫

悠悠吾儿：

　　虽然你离读懂这封信上的字，还有很长一段时间，但我想说的话，你一定会慢慢明白的。你一天一天地长大，爸爸希望你能成为我心中的某个榜样，虽然这对你不公平，但我希望我的一些感悟可以帮你更快地成长。

　　我希望你能成为一个自律的人，该干什么的时候就去干什么。晚上刷牙时间到了，要去刷牙；睡觉时间到了，就上床睡觉；上课时候到了，就去上课；总之该干什么的时候自己主动去干。

　　我希望你成为一个认真的人。干事的时候专心致志，不三心二意。只要你想好要去做了，就要努力去做。

　　我希望你成为一个坦诚的人。如果想表达自己的想法，最好说出来。不愿意告诉爸爸的事情，你可以只告诉妈妈；不愿意告诉妈妈的事情，你可以只告诉爸爸。

我希望你成为一个勇敢的人。勇敢和鲁莽并不是一回事,你敢做危险的事情并不代表你很勇敢。不撒谎骗人,有错误勇于承认并不是什么丢脸的事情,反而是一种勇敢的行为。

我希望你成为一个有礼貌的人。见到人打招呼,接受别人的恩惠和帮助必须表示感谢,给别人添了麻烦一定要当场道歉。任何食物和东西都是有生命的,绝对不能想吃就吃,想扔就扔,要是吃不完饭,就要向小米粒道歉。

你还会慢慢长大,我希望你成为的可能也会越来越多,但无论我希望你成为一个什么样的人,希望你能成为你自己,健康开心地过好每一天,我们也会在你身后,同你一起成为更好的自己。

杨熠鑫,中共党员,高级工程师,国网银川供电公司电力调度控制中心主任,曾获得宁夏电力公司专业管理先进个人、科技创新先进个人等荣誉。

宝贝,我想对你说

李军宏

儿子:

我最亲爱的宝贝,看着你一天天长大,爸爸突然间觉得时间过得飞快,正如歌里所唱"时间都去哪了……"现在这一句是最能表达我感情的歌词,不知道你什么时候可以完整地看完爸爸写给你的这封信,毕竟你现在只是一个不满六岁的小宝宝。每每看着你稚嫩的小脸,要么躺在妈妈怀里撒娇,要么爬在爸爸肩上玩耍,我心里感到幸福满满,心底总有万千道不出的喜悦,藏着许多许多话。

宝贝,我想对你说,妈妈总说你是随着太阳出生的,所以叫"阳阳",希望你能像太阳般健康、活泼、积极、热情,一天天长大,成为一个妈妈心中期盼的"小老虎"。妈妈对你百般疼爱,又百般要求,爸爸希望你可以一直做妈妈的乖宝贝,健康快乐地成长。

家的故事
family story

　　宝贝,我想对你说,爸爸的日子在一天又一天的忙碌中度过,妈妈总是唠叨爸爸"你天天都忙什么呢",有时爸爸也感觉忙得透不过气,偶尔想过要放弃,但是,爸爸更希望你长大后,能懂爸爸的心,了解爸爸,能对爸爸说一句:"爸爸,你是个有担当的男子汉,我要向你学习!"

　　宝贝,我想对你说,你是一个聪明的宝贝,在你很小很小的时候,你就学会了安全地使用剪刀剪树叶,学会了安全地插拔插座,学会了看管自己的玩具……爸爸每天回来听妈妈讲你的各种趣事,爸爸心里很开心。我的宝贝一天一天长大了,学会了一样又一样的技能,希望你一直可以不停地学,像块海绵一样,最终超过爸爸和妈妈。

　　宝贝,我想对你说,你是一个勇敢的宝贝。在你很小很小的时候,从蹒跚学步开始,每当摔倒的时候,只要听到一句"没关系,爬起来",你就能忍住眼泪,独自从地上爬起来。看着你,爸爸心里很心疼,有时忍不住埋怨你妈妈,但是,看到你现在可以大胆地尝试很多事情,看到了你的勇敢,看到你不畏困难的勇气,爸爸很开心,希望你可以一直这样下去,成长为一名在人生道路上披荆斩棘的悍将。爸爸也会努力工作,勇敢担当,在生活和工作中,尽自己最大的努力做好每一件事,给宝贝树立一个好榜样。我们一起努力吧!

　　李军宏,中共党员,高级工程师,国网银川供电公司建设部副主任,曾获宁夏电力公司优秀共产党员,银川供电公司先进工作者、岗位能手等荣誉。

给丫头的一封信

田 玮

亲爱的丫头：

我的宝贝，知道爸爸有多么的爱你吗？回想和你在一起的点点滴滴，是那么的温馨和幸福。你那天真烂漫、童真无邪的笑脸，深深刻在爸爸的脑海，爸爸感觉很知足、很欣慰。

丫头，爸爸陪伴你的时间，虽不及妈妈陪伴你的时间长，但每次爸爸都力所能及地设法陪陪你。回去晚了，坐在你的床边，看着你熟睡的样子，嘴角还挂着浅浅的微笑，爸爸看似刚硬的心，瞬间就融化了。爸爸就想一直这么静静地看着你、陪着你。

丫头，爸爸珍惜和你在一起的美好时光，今后，爸爸会抽空多多陪伴你。愿你快快乐乐、开开心心地健康成长，做一个对社会有用的人。

田玮，中共党员，国网银川供电公司贺兰县供电公司经理，曾获银川供电公司优秀中层干部等荣誉。

家的故事
family story

写给宜禾的一封信

马春霞

亲爱的儿子：

在这个夜深人静的夜晚，听到你朗朗的读书声，妈妈的心里温暖又幸福。再有 23 天你就要参加高考了，这样的夜晚以后也许不会再有，但这样的夜晚，却是最值得妈妈留恋和回忆的夜晚。

对于即将到来的高考，我们已经达成共识，用一首诗来共勉：

逆水行舟用力撑，
一篙松劲退千寻。
古云此日足可惜，
吾辈更应惜秒阴。

妈妈也看到了一个阳光快乐的男孩，正充满自信地迎接即将到来的挑战，正跃跃欲试地打开自己的理想之门。妈妈祝福你，祝你所有的愿望都能实现，妈妈会与你分享快乐，也会与你共担所有的风雨艰辛。

宜禾，这一年你将进入大学校园，对未来的大学生活想必你已经十分憧憬了吧。是啊，你风华正茂，人生最精彩的画卷即将展开，怎不令人向往。妈妈会为你的幸福生活作出最大的努力，也希望你珍惜自己的青春年华，勤学常思，修德笃行，在大学校园里做一个名副其实的大学生。梅贻琦先生说过："所谓大学者，非谓有大楼之谓也，有大师之谓也。"年与时驰，妈妈也希望伴随着年龄的增长，你能够钻研更大的学问，辨明更大的道理，敞开更大的胸怀，不负青春年华！

宜禾，脚踏实地笃志前行，做一个可爱、可信、可贵、可为的新青年吧！妈妈相信你，也相信妈妈所有的愿望都能实现！

马春霞，中共党员，国网银川供电公司党建工作部副主任，曾获宁夏电力公司五一巾帼标兵等荣誉。

家的故事
family story

写在母亲节的一封信

张宜禾

亲爱的妈妈：

今天是星期天，当我打开您的信的时候，您正在厨房忙碌着为我们准备早餐。您在信中说，我们母子在一起的夜晚让您留恋，那这样的清晨也令我铭记于心。

时至今日，你我母子已走过了十九载春秋。十九年，我多了和妈妈生活在一起的点点滴滴的记忆，而记忆中最真切的是妈妈您陪我度过高中的这些日子。

曾几何时，在学习的路上我有过迷茫，有过困惑，有过气馁。当身边的同学考出好成绩，露出开心的笑容时，我不止一次地问自己，我到底能不能做好？是您在我身边一次次鼓励我，一次次陪我读书到深夜，用双手托起我心中的太阳，带我走向春日的诗和远方。

妈妈,历经沧桑才能茁壮成长,感谢一路上有您的陪伴。还有二十几天我就要参加考试了,我会努力到最后一天。妈妈,也请您放心,不管前路如何,我都能勇敢面对,因为您是我最坚实的后盾。

妈妈,您在信中提到我未来的大学生活,在憧憬的同时,我也看到了我的责任和方向。虽不敢言建功立业,但我一定记得您的嘱咐,在大学里仍会以学业为重,努力学习一技之长,不让自己在最应该学习的阶段停下脚步。希望有一天,我能看到您欣慰的笑容,看见您忙碌的身影从容下来,愿您的生活能够因我而更加美好。今日,我以您为荣;明日,您将以我为傲!

最后,祝妈妈母亲节快乐,永远年轻!

张宜禾,国网银川供电公司党建工作部马春霞同志的儿子,宁夏大学一年级学生,作品《与王守仁的对话》获宁夏哈纳斯杯作文大赛二等奖。

家的故事
family story

您教给我的我学到了

徐 航

老妈：

煽情的话语不想说，咱随便聊点吧。

早上打开手机看到一封广告电子邮件，内容是母亲节到了给母亲送什么礼物这类的。忽然想起来快到母亲节了。记得上小学的时候，您过生日，我把我之前过生日剩的蜡烛插到面包上，当作生日蛋糕给您过生日。这事儿到现在您还提起来打趣我呢。

我小时候喜欢新奇的事物，那会儿觉得最幸福的事就是参观各种展览，从机器人展到昆虫展、航天展、蝴蝶展，在您的支持下，我基本都没有缺席。这些对于小学的我来说，简直是打开了新世界的大门，以至于到现在我还很喜欢去人民广场的新科技馆，还经常购买《博物》杂志阅读，还被邻居家妹妹笑话，说这么大了还喜欢看这些。这些习惯是您培养我养成的。

从上学开始我就是您和爸爸眼中的好学生,经常明着暗着夸我。初中时我还跟您协商,每次得个"优"就奖励我一块钱,那会儿还真有种有了财政自由的感觉。即便在初中我最叛逆的时候,和您吵架、撕书、摔门,我的"财政自由"也从来没断过。初中的时候,家里和一般的工薪阶层相比真不算富裕,有一次我说同学叫我去老城玩,您破天荒地给了我五十块钱,感觉好巨大的一笔钱。我第一次去打电玩,第一次发现还有东方红广场那么高大上的地方,这快乐是您给的。

有些事是潜移默化影响我的,比如您的热情。对待朋友我能帮就帮,来了同学尽力招待。

大学的时候我是个矛盾体,是您的电话给了我鼓励,帮我调整心态和目标,不对自己要求太高,度过了一段美好的时光。

一个人的价值观多半是由父母影响的,其次是由社会大环境影响。在您这里,我学到了怎样去追求幸福而不是大家都在讲的怎样去追求成功;我学到了您在年近五十的时候还努力通过了非您本专业的中药执业药师考试,学到了怎样对人善良。

妈妈,希望您一直年轻、善良。

徐航,中共党员,国网银川供电公司贺兰县供电公司用电检查班员,曾获中国矿业大学"创先争优"活动优秀共产党员称号。

家的故事
family story

送给妈妈的母亲节礼物

茹子因

妈妈：

您好！

对于一个每日每夜都陪伴在我身边的您，坦白来讲，我并不知道对您该说些什么、做些什么。从我呱呱坠地起，您为我日夜忙碌，因为我的变化而亦悲亦喜着。您扶着我一步一步学会了走路，拉着我识字、念诗，教导我对待生活的态度，容忍我每一次成长中的无理取闹。记忆中，您那般温柔，那般爱护我，陪伴我长大。当我不知道努力的方向和目标时，我看到了您，那个白天奔波于工作，夜晚仍然在灯下学习的您，那个想尽一切办法帮助我提升学习成绩的您，那个为我成绩提升不快有些着急和无措的您。

我想起儿时的自己不敢一个人睡觉，您的陪伴让我安心地进入梦乡；每次开家长会我被老师表扬，您脸上比我还开心的笑靥。看到书包中您帮我包的崭新的书皮，看到每天早晨摆在桌上的早餐，我突然懂了自己努力的目标，这些全部因为您。

我像只蜗牛，跑得慢了您比我还着急，您在前面牵着我不停地跑，久了蜗牛被您拉累了，慢慢缩回自己的壳，您着急不安，过后开始自责。那只蜗牛看到您的眼神，努力拼命地爬着，即使荆棘划破了她的皮肤，她还是一点一点咬牙坚持着。

每当我看到您工作完成后疲惫不堪的样子，但仍然坚持陪我学习，我的内心充满自责，立志要通过努力学习来报答您对我无私的爱。我生来不是个能把对您的爱放在嘴边的人，我觉得语言表达终究还是过于肤浅，但是那句话始终在我心里最深处，已然种下结果。

此去经年，应是良辰好景。便纵有千言万语，只愿陪您度过。

茹子因，共青团员，国网银川供电公司运营监测中心詹国红同志的女儿，银川二中学生。

家的故事

陪你健康快乐成长

席晓静

亲爱的宝贝：

你知道吗？爸爸妈妈是那么的爱你，回想起你成长的点点滴滴，回想起走过的快乐时光，我们激动万分，能够陪伴你长大是我们最大的幸福。

兴趣是持久学习的动力。每一个妈妈都望子成龙、望女成凤，妈妈也和其他家长一样，根据你的喜好给你报了兴趣班。但是妈妈并不是要求你学得有多么好，而是适时引导，鼓励你探索未知，激发你学习的兴趣。在今后的日子里，妈妈会坚持陪你阅读，拓宽你的知识面，培养你持久的专注力，激发你学习的兴趣。

感恩是每个人一生中都需要做的事情。妈妈希望你能够用一颗感恩的心，迎接每一天，在生活中做一个懂得感恩的好孩子。尊敬长辈、尊敬师长，永远用感恩的心去面对每一件事、每一个人，在感恩中寻找快乐，在感恩中感受成长,努力成为一个快乐、自信、健康的人。

妈妈相信你能做到这一切,亲爱的宝贝!

席晓静,工程师,银川农村电力服务有限公司郊区农电分公司专责,曾获银川供电公司先进个人等荣誉。

您的爱比泰山还重

宋 薇

亲爱的爸爸：

今天，有机会拿起笔，怀着一颗忐忑的心给您写信，我倍感欣慰。

对于您，我有好多的话想对您说，可是又不知怎样才能把零碎的语言汇成一篇文章，所以只能用最朴实的语言来写写您了。从古至今，我们黑眼睛黑头发黄皮肤的中国人，对于那个在心底深深眷恋的男人，一直都称之为——爸爸！

爸爸，我现在才懂得您从小就让我背"八字经"的意义，我永远也不会忘记。"八字经"是自尊、自立、自信、自强，一直以来我都把这八个字当作我的座右铭，它给我带来了无穷的力量。每当我遇到困难与挫折时，我就想想它，自己就有力量面对所有的困难和挫折。您一直都说我性格内向，到了学校要好好锻炼自己，因为您深深知道一个性格内向的人，在当今社会是很难得到发展的。所以一直以来,您都在努力地教导我,我现在也在一点点地改变。爸爸,我想对您说一声:"谢谢!谢谢您对我的教诲。我会把这些财富永藏于心。"很幸运有这样一个机会向您表达我长久以来、埋在心底的对你们深深的感激之情。

爸爸,您虽然在我身边少一点,可是您的爱却是比泰山还重啊!虽然您在表面上爱我不多,可是行动上却把对我的关心与爱护表现得淋漓尽致,我从心底里感谢您!爸爸啊,如果您是一棵大树,我就是树上的一片小小树叶,您把我举得高高的,让我吸收雨露阳光。感谢你们给予我生命,让我有了追求幸福、感受幸福,以及实现人生价值的机会。感谢你们抚育我长大,担任我人生的启蒙老师,教会我如何生活、如何感恩。感谢您为了支撑这个家,长年在外奔波,还日夜牵挂着我。我手机的收件箱里经常能看到您的号码,内容总是:"女儿,天冷了要注意保暖,被子够不够?""工作顺利吗?挫折总是有的,我相信你能战胜困难,勇往直前。"或是"女儿,回家吗?这个双休日老爸又回不了家了,要照顾好自己。"

中国有句古话:"滴水之恩,当涌泉相报。"更何况爸爸妈妈给了我无穷的关怀和无尽的爱呢!老师说,妈妈的爱是无私奉献,爸爸的爱是恩重如山。这句话我深有体会。

最后我想对含辛茹苦的爸爸妈妈说:你们辛苦了,我的成长已被你们的爱填满,无法衡量。也许我现在能做的就是加倍努力,用我的一生去报答你们,让你们幸福。此刻我怀着一颗感恩的心,虔诚地祈祷,祝福我的爸爸妈妈健康、平安!

宋薇,宁夏天净元光电力有限公司宋为民同志的女儿,共青团员,陕西师范大学音乐专业研究生,银川市金凤区第十一小学教师。

家的故事
family story

写给儿子的一封信

王志誉

儿子：

　　此刻我思绪万千，突然萌发出给你写封信的念头。在你即将告别大学生活前夕，爸爸第一次提笔给你写信。二十三年了，你童年、少年的一幕幕情景，就像一幅幅斑斓的油画，时常在我脑海里浮现。我常常感觉冥冥之中有一种无形的力量，把爸爸妈妈和你紧紧地系在一起，这种关系除了血缘，还有一种浓浓的情缘在其中。我们为你的到来、为你的优秀、为你的健康成长而兴奋不已，使我感到既快乐又幸福。

　　在这二十三个春秋里，爸爸妈妈每时每刻都在关注着你的进步，关心着你的成长。儿子，还记得在你5岁生日时，爸爸妈妈给你买了一辆儿童单车，就是后轮带两个支撑小轮的那种，你别提多高兴了，没事你就会骑着单车在院子里飞奔。不知什么时候，爷爷把两个支撑小轮卸掉扔了，你不会骑了,不依不饶地非要爷爷给你找回来。这时,爸爸在一旁安慰并鼓励你:"没有两个小轮,你照样能骑好,还能比以前骑得快。"在爸爸的鼓励和帮助下,你只用了半天就学会了骑两轮单车,看着你娴熟地骑行,爸爸高兴极了!要知道,在身边同龄人中你是第一个会骑两轮单车的孩子!

儿子,爸爸妈妈把你送到国外求学,也是希望你能尽快地成长起来。在国外留学,学习上生活上一切都要靠自己,你从一个衣来伸手、饭来张口什么都不会做的"小毛头"变成了一个能独立生活,有思想、有责任感的男子汉,爸爸妈妈很为你骄傲。如今,你马上就要大学毕业了,即将步入社会,开始崭新的生活,爸爸就想告诉你,"勿以善小而不为,勿以恶小而为之",不管你在哪个国家,不管你在什么地方,都要遵守当地的法律法规,要有辨别是非的能力。"天道酬勤""厚德载物"。毕业了,你要自食其力了,但"君子爱财,取之有道",一定要合理合法地挣钱。只要勤奋、踏实地干好每一件事情,爸爸相信成功离你就不远了。

儿子,在国外你要永远记住自己是一个中国人,讲文明、讲礼貌,尊老爱幼,不要做有损祖国脸面的事,你的一言一行,不仅代表你个人,还代表中国!

爸爸今天就说这么多,我和妈妈对你很是牵挂,尤其是妈妈。你要照顾好自己,闲了常跟家里通通话。家里一切都好,不必挂念。奶奶那边,我们会经常去看,你放心。奶奶经常问起你的学习和生活情况,闲了也跟奶奶通通话,免得奶奶挂念。

望儿一切顺利!

王志誉,中共党员,宁夏天净元光电力有限公司物业公司食堂监督管理员,曾获银川供电公司优秀共产党员、先进工作者等荣誉。

家的故事
family story

写给儿子的一封信

敖园明

初 遇

假如人生不曾相遇,我不会相信,有一种人一认识就觉得温馨,有一种人可以百看不厌;我不会了解,这个世界上还有这样的一个你,让人回味,令我心醉。

幸 福

一直以为幸福就在远方,在可以追逐的未来。后来才发现,那些拥抱过的人、握过的手、唱过的歌、流过的泪、爱过的人、所谓的曾经,就是幸福。

在无数个夜里,说过的话、打过的电话、看过的电影……看见的或看不见的感动,我们都曾经有过,然后在时间的穿梭中,一切成了永恒。

努　力

不要抱怨你没有一个好爸爸,不要抱怨你的工作差,不要抱怨怀才不遇无人赏识。现实中有太多不如意,就算生活给你的是垃圾,你同样能把垃圾踩在脚底下登上世界之巅。

修　为

看别人不顺眼,是自己修养不够。人愤怒的那一瞬间,智商是零,过一分钟后恢复正常。人的优雅与否关键在于是否能控制自己的情绪,用嘴伤害人,是最愚蠢的一种行为。

了　解

有个懂你的人,是最大的幸福。这个人,不一定十全十美,但他能读懂你,能走进你的心灵深处,能看懂你心里的一切。最懂你的人,总是会一直在你身边,默默地守护你,不让你受一点点委屈。

真正爱你的人,不会说许多爱你的话,却会做许多爱你的事。

宿　命

每一段记忆,都有一个密码。只要时间、地点、人物组合正确,无论封尘多久,那人那景都将在遗忘中重新拾起。你也许会说:"不是都过去了吗?"其实过去的只是时间,你依然逃不出,想起了就微笑或悲伤的宿命,那种宿命本叫"无能为力"。

成　长

有时候,莫名的心情不好,不想和任何人说话,只想一个人静静地发呆。

有时候，想一个人躲起来掩饰脆弱，不愿别人看到自己的伤口。

有时候，走过熟悉的街角，看到熟悉的背影，突然想起一个人的脸。

有时候，别人误解了自己有口无心的话，心里郁闷得发慌。

有时候，发现自己一夜之间就长大了。

本　真

身边总有些人，你看见他整天都开心，率真得像个小孩，人人都羡慕他，其实，你哪里知道，前一秒人后还伤心地流着泪的他，后一秒人前即刻灿烂如花。他们就像向日葵，向着太阳的正面永远明媚鲜亮，照不到的背面则把悲伤深藏。

未来的你，应怀着感恩之心，行走在人生的旅途中。感恩家人，给了你奋进的动力；感恩对手，使你变得更加强大；感恩磨难，教会了你坚强；感恩朋友，给了你许多感动。我相信，那颗满载梦想的心会有释放的一天，不要让它在负能量下萎缩，在通往成功的道路上，你会更加努力，更快乐地微笑着去和未来的你相逢。

敖园明，国网银川供电公司运维检修部变电检修室运检二班技术员。

写给儿子的一封信

薛少华

亲爱的儿子：

你好，从你出生到现在已有7个多月了，正是因为有了你，爸爸才真正懂得了母亲的伟大和作为一名父亲身上的责任。

初降人世的你，黑黑的头发，紧闭着眼睛，伸着粉红的小手，一切都是那样的小，爸爸都不知道如何抱你但又很想抱你。你也一定在感知着身边的陌生环境，在感受着父母的爱吧。爸爸在你面前显得有些无措，心中充满初为人父的幸福与慌乱。

每到晚上，静静地看着你沉睡的样子，心里满是甜蜜，爸爸从来没有感受过如此珍贵的幸福。到现在为止，我仍不知怎样去疼爱你才恰如其分，怕你热怕你冷，怕你饿怕你撑着。每次听到你的哭声，家里大人就开始忙乱起来，看看你是不是生病了、是不是饿了、是不是尿湿了、是不是已经

家的故事
family story

睡够了,接着就是喂奶喂水、换尿片、抱起来哄哄。每天都在重复这样的事情,整个家庭都以你为中心。你一天天地长大,一天一个样,我们过得快乐而充实。

你的到来,让爸爸体验到了初为人父的辛劳。回想一下爸爸儿时的调皮、少时的捣蛋、中学时的叛逆,以及自己在过去的种种不应该,爸爸真是后悔不已。你的存在,让我更加懂得了感恩,懂得了百善孝为先的含义。感恩我们的父母、感恩我们的亲人、感恩我们的朋友、感恩我们身边的人,也包括你——亲爱的儿子。

宝贝,爸爸感谢你!感谢你让我成为一名父亲!

宝贝,爸爸祝愿!祝愿你一生健康相伴,永远快乐相随!做一个正直坦荡、心怀感恩的人!

薛少华,中共党员,工程师,国网银川供电公司经研所主任,撰写论文曾获全国及自治区奖项。

写给父母亲的家书

李静龙

亲爱的父亲母亲：

你们好！在我的印象中，父爱是船，母爱是帆。父爱引领我破浪前行，母爱引导我在茫茫人海中不迷失方向，不畏艰险。你们经常教育我要心存廉念，身行自正。每次电话里你们都会说，家里一切都好，不用担心，好好工作就行。每次回到家，茶余饭后你们总会时不时地叮嘱我，工作中要认真仔细，不能得过且过，每一件事都要全力去做好。

自从我参加工作以来，便时刻提醒自己，绝不能忘记你们的教诲。对于公司而言，我是一滴水，一朵浪花，一片绿叶，却承载着一份弘扬企业精神、展示企业形象的责任；作为一名党员和企业员工，我时刻牢记"廉洁"二字，时刻保持清明之心，一言一行恪守不贪墨的原则，并将其化作习惯，融入生活的每一个细节。

家的故事
family story

正人先正己,治国先治家;国泰民安乐,家和福自加。家是最小国,国是最大家。家风是融化在我们血液中的气质,是沉淀在我们骨髓里的品格,是我们立身做人的风范,是我们工作生活的格调,也是社会和谐的基础。家风正则党风正,党风正则根基稳。共产党人的家风,其实也是党的优良作风。只有勤俭之人,才能忘怀得失,不慕荣利;才能胸怀大志,处困境而不沮丧;才能摒弃奢欲,有所作为。

家风,是一个家庭或家族多年来形成的传统风气、风格和风尚,它承载着一个家庭或家族的生活方式、生活态度、文化氛围、理念、价值观和人生观等。一个家庭或家族,可以没有声名显赫的家世、没有殷实丰厚的资财,但不能没有良好的家风、家规。良好家风的传承能让子孙后代建立优秀的道德品质,能让他们成长为安邦定国的栋梁之材,能提高自身的政治素质和道德修养,增强在复杂环境中分清是非、辨别美丑的能力,自觉抵御各种腐朽思想的侵蚀。作为一名党员,更要有担当和责任,牢固树立社会主义核心价值观,做好践行廉洁价值观的表率。

一粥一饭当思来之不易,半丝半缕恒念物力维艰。天下之本在国,国之本在家。一个有着普遍良好家风的国家定会繁荣昌盛、国富民强,也希望我们这个小家,能永远幸福快乐!

李静龙,中共党员,宁夏天净元光电力有限公司银川配网建设中心项目经理,曾获银川供电公司及元光公司先进工作者、青年岗位能手等荣誉。

写在中考之前

李海勃

花一样的女儿：

你好！你从未离开过爸爸妈妈，有什么事咱们都会面对面地说，所以从未给你写过信。每次和你聊天句句都离不开你学习的事情，估计你早已厌烦了，正好可以通过书信这种既古老又浪漫的方式来表达一下爸爸妈妈的想法。

给你写信是一件为难的事，咱们从哪开始呢？还是从龙应台写给儿子安德烈的那一段话开始吧："孩子，我要求你读书用功，不是因为我要你跟别人比成绩，而是因为，我希望你将来会拥有选择的权利，选择有意义、有时间的工作，而不是被迫谋生。当你的工作在你心中有意义，你就有成就感。当你的工作给你时间，不剥夺你的生活，你就有尊严。成就感和尊严，给你快乐。"

家的故事
family story

　　学生时代是很辛苦的,爸爸妈妈看到了你的辛苦、你的努力、你的进步和你的成长,每次考试前都会看到你的焦虑、你的用功。虽然一次考试成绩不能代表什么,但是它说明了你这段时间学习的不足与短处。女儿,你是一名优秀的孩子,不管在家里还是在学校你都是"乖乖女",我们为你骄傲!考试成绩不理想的时候,难过和伤心是没有用的,我们一定要总结经验,设定目标,为下一次的考试做好准备,并且努力付出行动。你要根据自己的特点制订学习计划和策略,并持之以恒,每天前进一步,好吗?

　　学习是公平的,它对谁都是一样的。在考试时,谁都会有压力,谁都会紧张,只是,这一切从表象上是看不出来的,大家的内心都在翻江倒海,都在经历着煎熬和挣扎。既然大家都一样,你就不要太在意了,以一颗平常心对待这一切,每天努力多一点,保持一个好心态,就会有一个好结果。女儿,克服你对考试的恐惧,用现在的努力、信心、汗水照亮来日的欢笑!爸爸妈妈永远会和你一起努力。

　　女儿,震动你的翅膀,擦亮你的光圈,勇往直前!

　　李海勃,中共党员,工程师,国网银川供电公司运维检修部变电运维室副主任,曾获宁夏电力公司先进工作者等荣誉。

写给女儿的信

王 剑

女儿：

自从你这个小生命诞生起，就时刻牵动着爸爸妈妈的心。你是快乐的，我们就是幸福的。为了你，我们会付出一切，疼你、爱你、宠你，但不会盲目地娇惯你，那样只会害了你。

你的太爷爷、太姥爷都经历过战火纷飞的年代，是为新中国成立立下赫赫战功的人。我们是一个有着优良革命传统的家庭，你应该为你出生在这样一个家庭感到骄傲和自豪。老一辈人艰苦朴素、兢兢业业的革命精神从你爷爷传承至你爸爸，我们都希望你能把这种优良的传统一直传承下去，做一个平凡而有意义的人。

女儿，我希望你是一个踏实的人，不要轻视平凡的人，不要投机取巧，用一颗善人善己之心，去对待身边的人和事。

> 家的故事
> *family story*

你即将成为一名小学生，开始求学生涯。爸爸妈妈不强求你一定成龙成凤，只希望你在学习过程中尽力，希望你在求学成长的道路上做到自觉、自制、谦虚、好学、勤奋、有礼。

以上是爸爸对你的肺腑之言，你的健康成长就是爸爸无穷的快乐，爸爸为你自豪。

王剑，中共党员，工程师，国网银川供电公司运维检修部副主任。

家书篇

写给女儿的信

张 灏

亲爱的女儿：

这是爸爸写给你的第一封信，是关于成长和信念的。

爸爸出生在 1982 年，是祖国改革开放初期，还在使用粮票和粮本。家里的情况和社会上的多数家庭一样，不是十分宽裕。就是在这样的环境下，爷爷、奶奶依然把生活操持得井井有条，其中的秘诀就是艰苦朴素，这是那个时代的烙印，也是值得传承的优秀品质。

记得每年学校组织春游，我总是想多向家里要几块钱，可是奶奶总不给，听着大人们盘算家里的开销，心里的念想也就淡了。记得当时我为了省 1 角钱的公交车费，多走了 3 站地，省出的钱存在了存钱罐内。

虽然生活节俭，但是爷爷奶奶在教育上的钱却没有省过一分，学习书籍、课业辅导的费用，家里总是能想尽办法满足。奶奶说，这是长本事的

家的故事
family story

钱,一分也不能少。

勤俭节约是中华民族的传统美德,现在生活条件虽然好了,但也要坚持,希望你在成长的过程中继续发扬!

张灏,中共党员,工程师,银川农村电力服务有限公司副经理。

写给父母的一封信

杨玉豪

亲爱的爸爸妈妈：

近来可好？你们工作那么辛苦，要多注意休息。

这是我长这么大第一次给你们写信，而且是通过这种形式，心中深感愧疚。长这么大了，还没有正式给你们写过信，当儿子的真是不该。看到公司组织的这次"传家训、写家书、立家规"教育活动后，我立马想给你们写一封信。

从小到大，我都生活在温馨的家庭里，在你们的关怀下，我数不清有多少次带着幸福的微笑进入梦乡，多少回含着感动的泪水畅想未来。这么多年来你们对我的养育，这么多年来对我倾注的心血，我不会忘记，不会忘记妈妈您加班至深夜回家困倦的模样，不会忘记爸爸您操劳过度早生的白发。

家的故事
family story

爸爸妈妈,记得我刚上小学时,课文怎么都背不会,我急得哭了。你们就陪着我,坐在阳台上,替我擦眼泪,一句一句地帮我背。透进窗户的阳光,是亲情的阳光,照红了你们的脸,照暖了我的心。

爸爸妈妈,我上高三那年,因为学习忙离家远,回不了家。那个时候,无论严寒还是酷暑,你们一有空,就赶早骑上摩托车赶到学校,只为了中午能带我出去吃一顿好的。来早了,你们就坐在校门外,我坐在教室里,一起盼着下课的铃声;来晚了,我知道你们在路上是何等的焦急。

参加工作后,我开始靠自己的双手生活。如今一年多过去了,在这段时间里,我既品尝过成功的喜悦,亦有失败的懊恼,甚至有对工作的迷茫。我改变了许多,对自己的工作越来越熟知,也有了努力的目标。在工作能力上,我希望像爸爸那样,身为班长,精心钻研检修技能,带头找到问题所在;在工作态度上,我希望像妈妈那样,兢兢业业守好自己的一班岗,做出车间最好的设备运行记录和交接班记录。爸爸妈妈,你们不仅是我依靠的臂膀,更是我学习的榜样。

仰望天际,没有比母亲的容颜更璀璨的星辰。

纵行大地,没有比父亲的肩膀更坚实的热土。

爸爸妈妈,我爱你们。

杨玉豪,中共党员,助理工程师,毕业于华南理工大学,国网银川供电公司永宁县供电公司配电运检二班员。

家书篇

愿你慢慢长大

邱 伟

亲爱的女儿：

　　看着你从呱呱坠地、牙牙学语到蹒跚学步，到如今扎起小辫穿上小裙子一起激萌自拍，看着你在"恶魔"和"天使"之间任意切换，我感激上天将你赐予我，让我体会到做父亲的美好与幸福。

　　起初对孩子一直没有概念，从感情角度来讲，我一直认为让老人尽享天伦之乐应该有个孩子，而我要孩子就是为了人生更完整。现在回头来看，当时的想法是那么的不堪。作为父亲，我感谢你的到来，是你让爸爸妈妈的生命更完美，让我们的精神有所寄托，让我们体验到无尽的爱。

　　那天我出差回来，你说："爸爸，我想你，特别想。"妈妈喊你帮她洗脚，你说："我来了。"我说一会儿给爸爸也洗洗，你严肃地瞪着眼说："别捣乱……"看到救护车，爸爸让出了车道，你说："真棒！真有礼貌！做得对……"走到小区,告知你要绕行蚂蚁多的地方,你说:"真懂事……"每次带你去游乐园时,你总会说:"谢谢爸爸妈妈陪我。"女儿,你萌萌的语录太多太多,每每想起,老爸都湿了眼眶。

孩子,等你长大了,我希望你是个既善良又有同情心的人,对他人的痛苦,抱有最大程度的同情,对任何形式的伤害抱有最大的戒心。我希望你是个有责任心的人,意识到我们所拥有的自由、公平就像我们拥有的车子房子一样,它并非一劳永逸的,是需要我们奋力呵护的。我希望你独立、自信、有勇气,能够在权利、金钱、诱惑面前说不。作为一个女孩子,我还希望你有梦想,你的青春与人生不应仅仅为爱情和婚姻定义。

加油!我的白雪公主,I LOVE YOU……

邱伟,中共党员,宁夏天净元光电力有限公司副经理。

家书篇

一封寄不出去的家书

岳上茵

亲爱的父亲：

　　从来没有给您和母亲写过信，这封信您也看不到了，心里总有很多话想和您说。您在世的时候，从来没有和您一起好好聊聊天，现在再也没有机会了。

　　一晃您去世好几年了，我经常梦到您，每次路过宁园时总在那群唱秦腔的人群里寻找您的身影，尽管知道找不到。那个和任何人都能聊一下午的父亲，要不就大声吼着秦腔的父亲已经不在了。小时候总是很奇怪，为什么爸爸认识那么多人？直到我参加工作，当师傅们介绍我的时候，总是问我父亲是不是岳海文，并对我亲切地说起您过去工作时的事情。后来我才想明白，只有你用真诚的心对人，别人才会真诚地对你。在我们看来很小的事情，对别人就是大事。比如，秋收时打场的机器，因电力故障无法收获庄稼时,您和同事很快就可以解决。您常说的"小问题,好修"这类的事他们都记得。

记得我们刚参加工作的那时候,兄弟三人想做点小生意增加收入,您教训我们:"上着班做生意,你就无法安心工作,单位给你们的工资够多的了,要那么多钱干什么,够花就行,钱多不是好事。"

记得刚上班的时候,您经常教育我们尊重师傅,因为师傅是教你本事的人,本事是谁也拿不走的;对待用户要像朋友一样,人人平等,后来才明白为什么您朋友那么多,为什么哪里都有认识您的人。

时间过得真快,一晃您走了好多年了,我们兄弟三人也已为人父,但我们一直记得您和母亲的教诲,做人不可以不善良,不该拿的不能拿。您是一名平凡的电力职工,现在我也是一名电力职工,您是我的骄傲,我也是您的骄傲。

岳上茵,中共党员,宁夏天净元光电力有限公司银川配网建设中心副经理,曾获银川供电公司、天净集团公司、元光公司先进工作者、优秀干部等荣誉。

给父母的一封信

张 宏

亲爱的爸妈:

你们好!

今天有机会拿起笔,怀着一颗忐忑的心给你们写这封信,倍感欣慰。在城市化高度发展的今天,有的只是忙碌的日子,与你们朝夕相处,磕磕碰碰,不免有些抱怨,而今就让我用这样一种方式,来检讨自己内心的愧疚与不安吧!

日子总是像从指尖上滑过的细沙,在不经意间悄然逝去。那些往日的忧愁,在似水流年的荡涤下随波逝去,而留下的欢乐和笑容却在记忆的深处历久弥新。不要忽略那份真情,总有一些东西是消融不了的。它不会因为时光流逝而熄灭,它会一直陪伴在我们左右,为我们驱散黑暗,带来光明。

长大的我们,经常会忘记回家的路,不管有心还是无意。但是我们可

家的故事
family story

曾体会过步入晚年的你们的心境?多回家看看你们,让你们知道我们心中有父母,多往家跑,因为我们已经欠下了太多的感情债。我们总是在自己拥有的时候不懂得珍惜,在错过以后才知道珍贵。醒悟的我明白了,珍惜所拥有的,而不是等到失去才追悔,这才是人生的大智慧。

"路有尽头,爱无止境。"人之所以区别于一般的动物,就在于有情感,有道德,有感恩之情,有正义之心。我们常说的孝道就是要求作为子女一定要对父母感恩。感恩是一种做人的道德,是一种处世哲学。人人都应该怀有一颗感恩之心,感激生育我们的人,感激抚养我们的人,感谢帮助我们走向成熟的人。

"父母在,不远游"是千年古训,尽管有些陈旧,却有其自身的道理。当我们在外面打拼,抑或在外面游玩时,千万别太贪恋,要记得家中还有我们的父母,需要我们关心的孤独老人。庆幸的是,我们现在仍有机会,请珍惜我们父母的爱,父母的宽容,使父母能快乐、幸福地生活,不要留下任何的悔与恨。让我们多为自己的父母考虑一点,多回家陪陪自己的父母,让父母在有生之年多享受一点天伦之乐吧。

落叶在空中盘旋,谱写着一曲感恩的乐章,那是大树对滋养它的大地的感恩;白云在蔚蓝的天空中飘荡,描绘着一幅幅感人的画面,那是白云对哺育它的蓝天的感恩。

祝愿父母身体健康,天天快乐!祝天下所有的父母健康长寿!

张宏,中共党员,宁夏天净元光电力有限公司财务部主任,曾获宁夏电力公司、银川供电公司先进工作者等荣誉。

致父母的一封信

陈晓双

敬爱的爸妈：

你们好，感谢这么多年来你们对我的教育和培养。人们常说，父母是孩子的第一任老师，我想说你们不仅是我的第一任老师，而且是我终生的老师。正因为你们的影响才有了今天的我。现在的我从事着一份平凡而又伟大的事业，虽然枯燥辛苦，但是每每看到万家灯火却又无比自豪。

从小到大，是你们的言传身教深深地影响了我。爸爸常说要孝敬老人，爷爷奶奶走得早，让爸爸心中始终存有遗憾，所以爸爸对姥爷姥姥特别孝顺，大情小事总是冲在最前。逢年过节，爸爸总要去看望各位伯伯姑姑，总说自己最小，看望兄长是本分。家和万事兴，正是您这种尊老爱幼的做法，深深地影响了我的为人处世原则。现在的我对长辈尊重，对朋友真诚，对陌生人友善，用自己的实际行动为和谐社会尽力。

家的故事
family story

妈妈对我的影响更多是性格上的。从小到大妈妈都是一个非常自律自强的人，在我上学期间您总是按时按点叫我起床，为我做好饭，多年来从未间断。您总是教育我要努力学习，成为一个对社会有用的人，一定要诚实、正直，不要怕吃亏。正是您的教导才让我始终坚定信念，做一个顶天立地的男子汉，无愧于自己、无愧于家庭、无愧于社会，让我在求学的路上不放弃，在工作中精益求精，对生活充满热情，对未来充满希望。

是你们的言传身教不知不觉影响到了我，而我也会将这种好的家风继续传承下去。愿我们的家庭永远美满和睦，愿我们的国家永远富强和谐。

陈晓双，中共党员，工程师，国网银川供电公司运维检修部变电运维室运维一班值班员，曾获北京市优秀毕业生等荣誉。

家书篇

家　信

贺兴安

亲爱的爸妈：

　　值此母亲节之际，儿子希望用以下的文字表达对二老的感激之情。

　　二老最近的胃怎样？千万不要为了节省而吃剩饭。妈妈您不要过分担心我们，不要过分操劳，要按时吃饭。每次给二老打电话，都殷切祈盼你们身体健康，笑口常开。

　　我深刻地懂得爸妈对我的恩情比天大，比海深。你们二老在艰苦的环境里挥洒无数的血汗将我们抚养长大，供我们上学，起早贪黑拼命干活，尽量让我们吃饱穿暖，妈妈却节省得十年未曾买过一件新衣服。

　　诚然，因为条件所限，我们在物质上很贫穷，但我们却觉得很富有。因为你们二老给了我两样最重要的东西：善良和正直。爱是对孩子最好的教育，你们用最伟大和无私的爱影响着我，让我学会了善良，用一颗爱心去面

家的故事
family story

对周围的人，而你们做事的正直也铸就了我不贪便宜、踏实做人的品质。

爸爸妈妈，二老知道我最开心的事是什么吗？除了各种考试拿第一、顺利考入名牌大学之外，最让我刻骨铭心的便是我用自己挣的工资带你们去吃美食。当你们二老尝着儿子给你俩买的美食时，我的眼里饱含泪水，那一刻，我终于实现了梦寐以求的愿望，那就是让二老好好地享受更多美好的东西，卸下生活的重担，放松身心，快快乐乐、无忧无虑地生活。

爸爸妈妈，我知道纵有千言万语都无法表达我对二老养育之恩的感激之情。我会更加努力，让二老在未来的日子里好好去享受生活。在儿子眼里，二老是这个世界上最伟大的父母。

最后，祝愿二老身体健康，快乐每一天。

贺兴安，硕士研究生，毕业于哈尔滨工业大学，国网银川供电公司运维检修部变电运维室运维二班值班员，曾获国网技术学院优秀学员、优秀学员干部等荣誉。

家书篇

写给女儿的一封信

吕 峰

亲爱的女儿：

当你走进大学校门时，当你看到这封信时，我已退休，变成了一位天天逛菜市场的老大妈。

我过早地将你送到初中寄宿制的学校读书，只为将来你能走上有更多选择并阳光快乐的路途。为了这一天，我提前6年放手让你独立生活，只为将来你能像雄鹰一样飞得更高更远。

在你刚刚离家到学校住宿时，特别是在你感冒生病时，妈妈真想辞掉工作，去你身边陪读，可是现实不允许我过早地放弃工作。我爱你，当你感冒发烧鼻子不通气时，我恨不得让感冒传给我，让你赶快好起来，别耽误学习。但这是不可能的，即便可能，对不起女儿，我也不会这么做，因为我爱你，我不愿你像温室里的花朵经不起风吹日晒雨淋，像温水里煮的青蛙慢慢地失去了一切能量,这样的话,我会感到羞愧难过的。

　　作为妈妈,我爱你的方式就是提醒你:你要小心哦,你要保护好自己哦,爱惜生命,爱惜身体,不吃冷饮、麻辣烫,天冷了随时给自己加件衣裳。今后在学习和生活上与同学友好相处,在学校受委屈了、遇到学习上的难题了、晚上睡觉做噩梦了、想家了、流泪了,你要自己学会坚强面对。

　　爱是翻越一切关卡的通行证,女儿,希望你快乐、坚强地前行。

吕峰,宁夏天净元光电力有限公司物业公司物业管理员,曾获宁夏电力公司后勤服务之星等荣誉。

家书篇

写给女儿的信

王 泉

女儿:

仿佛就在昨天,你还是牙牙学语的小孩,紧紧地拉着爸爸妈妈的手,一刻也不肯放开。不知何时起你的身高已超过了妈妈,长得亭亭玉立。你的健康快乐,是送给爸爸妈妈最好的礼物。

你长大了,我的女儿,愿你成为一个善良、乐观、坚强的人。当你成功时,我们会为你欢呼;当你失败时,我们会给你安慰;当你远行时,我们会为你祝福;当你归来时,我们会张开双臂拥抱你。

还有不到一年的时间,你就要参加高考了,一定会很辛苦的,高中阶段学习的压力是每一个高中生都要经历的。调整好自己的心理,调整好自己的状态,调整好自己的心情以及自己学习的节奏都是很重要的,还有一个更重要的,你必须有一个健康的身体,你才能撑得住。我的女儿,生活的

家的故事
family story

路已在你面前铺开,有阳光,也会有风雨,每一次风雨后不一定都会有彩虹,但绝不会是永远的阴天。只要让阳光照进你的心中,生活的每一天就会无比明媚。

一想到你已经长大,将要独立和远行,我就心有不甘,常常自私地想,你不长大,我们不衰老多好啊!可是这怎么可能呢!爸妈对你的期许是什么呢?如果一定要让我为你选择学会些什么,坚强算是一个吧,这一点很重要。孩子,人生的路很长,有时阳光灿烂,有时阴云密布,有时和风细雨,有时电闪雷鸣,可是我想告诉你,一切都会过去的。美好的、伤心的、失落的、成功的,一切都会过去所以不管遇到任何情况,都要戒骄戒躁、从容面对,都要乐观坚强。

总之,在随后的一年时间里,你一定要调整好自己的心态,保持开朗活泼的心情。我相信,过一段时间,一切都会好起来的,你所面临的困难都将成为你的一种经历,你的人生才刚刚开始,将来的选择会更多,面临的困难会更大,既然做出了选择就要义无反顾,就要全身心地投入,烦恼也会随着困难的解决和时间的流逝而远离我们。

无论你是健康还是疾病,无论你是功成名就还是一无所有,无论你是近在眼前还是远在天边,我们都永远爱你!一如你初生的那一刻!勇敢地前进吧,我的女儿!

王泉,中共党员,工程师,国网银川供电公司运维检修部配电运检室副主任。

03
家规篇

共同商定家务事,各自打理生活圈子,冷静对待琐碎矛盾,宽容对待对方缺点。

遵从父母教导,孝顺双方父母,感恩对方付出,珍惜幸福生活。

家规

卢璟

教育子女：言行一致　以身作则。
生活方式：崇尚简单　追求健康。
消费观念：勤俭持家　杜绝浪费。
待人处世：与人为善　与邻为友。
对待家庭：夫妻相敬　尊老爱幼。

卢璟，中共党员，高级经济师，一级企业人力资源管理师，国网银川供电公司党委组织部（人力资源部）主任，曾获国网公司人力资源工作先进个人、宁夏电力公司先进工作者等荣誉。

家 规

黄 诚

诚信为本　一诺千金

黄诚，中共党员，政工师，国网银川供电公司营销部党总支书记、副主任，曾获自治区国资委优秀共产党员，宁夏电力公司纪检监察先进个人，银川供电公司优秀共产党员、先进工作者等荣誉，负责的效能监察项目多次在国家电网公司获奖。

家 规

白 钰

诚实守信,开明勤俭;低调做人,高调做事。

家庭以爱为根,生活以和为贵。

教育孩子,全凭德行感化。

自己事自己做,今日事今日毕。

共同商定家务事,各自打理生活圈子,冷静对待琐碎矛盾,宽容对待对方缺点。

遵从父母教导,孝顺双方父母,感恩对方付出,珍惜幸福生活。

白钰,中共党员,工程师,国网银川供电公司建设部专责,曾获银川供电公司先进生产者等荣誉,获得国家实用新型专利5项。

家的故事
family story

家　规

赵　峰

夫妻,忠诚相伴,同心同德。

做人,与人为善,严己宽人。

做事,错事担当,好事莫夸。

处世,懂得珍惜,学会放弃。

赵峰,中共党员,政工师,国网银川供电公司监察部(纪委办公室)专责,曾获银川供电公司先进工作者等荣誉。

家 规

杨 震

1.自己能够做到的事情要独立完成,今日事今日毕,不可马虎了事,不可依赖父母,不可无故拖延。

2.爱惜粮食,吃饱吃好,保证全面营养,不可挑食厌食少食。

3.家庭就餐应遵从家规,吃有吃相,坐有坐相,礼貌待客,不可无视父母、长辈和客人,不可边吃边玩,不可浪费粮食。

4.尽可能分担父母的忧愁,不可无视父母的感受,积极为父母做一些力所能及的事情,不可推辞,不可讲条件。

5.孝顺父母,懂得感恩,珍惜幸福生活,遵从父母教导,出门进门要和父母打招呼,不可忘恩,不可与父母顶撞、狡辩或者无理取闹。

6.学会感激,感激无私奉献、默默付出的父母,感激曾经关心、爱护、支持、帮助自己的人,珍视社会和自然中一切真实的美好的善良的事物,憎恨虚伪、丑恶，不可是非不分、善恶不辨。

7.尊敬师长，见到老师、长辈、熟人要主动热情地打招呼，不可视而不见，见而避之。

8.团结小朋友，要有爱心有同情心，不可以大欺小，不可歧视弱者，不可嘲笑残疾人或者成绩差的同学。

9.待人真诚，为人谦虚；脚踏实地，不弄虚作假，不骄傲自满、狂妄自大。

10.公共场合举止文雅，谈吐得体，不可大声喧哗，不可嬉戏打闹。

11.志存高远，锲而不舍，勇往直前，自强不息；不可胸无大志，不可有丝毫懈怠，不可轻言放弃。

本规范规定诸内容须切切实实不折不扣做到，如有违反，视情节轻重分别予以提醒、批评、警告、做家务、限制部分家庭自由和权利、适当体罚等。

杨震，中共党员，工程师，宁夏天净元光电力有限公司变电建设中心副经理，曾获银川供电公司先进生产者等荣誉。

家规篇

我的家规

李 虎

古人云"三岁之魂,百岁之才",也就是我们传统意义上讲的"三岁定终身"。教子强调一个"早"字,本人非常赞同古人这种教育要从娃娃抓起的理念。

我的孩子已经快2岁9个月了,对于年幼的孩子来说,立好家规特别重要。俗话说习惯成自然,小孩子是一张白纸,你教他什么他就学什么。因此,家规应该从培养孩子的习惯入手,培养好的习惯会使他终身受益。

家规有成文的,也有不成文的,它在生活中影响着心灵,塑造着人格。我认为,家规应该以树信念、立理想、知底线、立得住、可传承为最基本要求。随着时间推移,形成良好的风习和风貌,也就是我们所说的家风。好的家风如雨化春风,存在于家庭的日常生活之中,家庭成员的举手投足之间。

家的故事
family story

为了形成这种良好的家风,特立下此家规,用以自勉。

尊重他人,尊重自己。
诚实守信,勇于认错。
自我反省,有则改之,无则加勉。

李虎,中共党员,工程师,国网银川供电公司运维检修部输电运检室副主任。

家规篇

我的家风、家训

封利明

每一个家庭都有自己的家训、家规、家风,我家自然也不例外。父母把"少壮不努力,老大徒伤悲""孝敬老人、开明勤俭,低调做人、高调做事""互敬互爱,互信互帮,互谅互让,互慰互勉"定为家训,作为我家传统,我会努力做到。好的规矩成就了我现在的成绩,良好的家风对社会而言就是一种道德的力量。

我们要时刻构建和谐家风,父母在家中要学会树立好的榜样,要与孩子保持亲密无间的关系,在孩子面前学会抑制自己不好的情绪;孩子也要学会设身处地地去理解父母,尽量做好自己。

封利明,中共党员,宁夏天净元光电力有限公司工程部主任,曾获银川供电公司、天净集团公司、元光公司先进工作者、优秀中层干部等荣誉。

家的故事
family story

家规家训

杨熠鑫

成家不过七年有余,本无家规家训之说,但儿子日渐长大,所立的规矩也逐渐增多,借此机会做个总结,权作家规家训。

1.该干什么的时候必须要干什么。晚上到睡觉的时间了,必须要上床睡觉;到上课的时候了,要去上课;到刷牙的时间了,要去刷牙。总之,到该干什么的时候就要去干什么。

2.干什么的时候要专心致志,做什么事情都不能三心二意。

3.如果想表达自己的想法,最好说出来。噘嘴、生气,别人是不会知道你的想法的。

4.不许撒谎骗人,有错误可以承认,这并不是什么丢人的事情。

5.勇敢和鲁莽并不是一回事,你敢做危险的事情并不代表你很勇敢。

6.必须对见到的人先打招呼,受到别人的恩惠和帮助必须表示感谢,做了给别人添麻烦的事情一定要当场道歉。

7.任何食物和东西都是有生命的,绝对不能想吃就吃,想扔就扔,吃不完饭,就要向小米粒道歉。

8.不愿意告诉爸爸的事情,你可以只告诉妈妈;不愿意告诉妈妈的事情,你可以只告诉爸爸,但是不能对两者都不说。

杨熠鑫,中共党员,高级工程师,国网银川供电公司电力调度控制中心主任,曾获得宁夏电力公司专业管理先进个人、科技创新先进个人等荣誉。

家的故事
family story

家 规

李军宏

孝顺父母，父母训，需敬听，父母命，需顺从。

诚实做人，踏实做事，宽容待人。

勤俭节约，不浪费，不攀比。

不以善小而不为，不以恶小而为之。

做事需黑白分明，善恶有辨。

勤为本，德为先，和为贵，学在前。

爱国爱家，遵纪守法。

积极上进，努力争先。

李军宏，中共党员，高级工程师，国网银川供电公司建设部副主任，曾获宁夏电力公司优秀共产党员、银川供电公司先进工作者、岗位能手等荣誉。

家　规

李　翔

和睦友善，勤俭节约，勤劳致富，读书为先；

夫妻相敬，举案齐眉，尊老爱幼，一家和气；

有胆有识，有礼有节，有情有义，有失有得。

李翔，中共党员，工业工程师、二级企业人力资源管理师，国网银川供电公司党委组织部（人力资源部）副主任，机关第一党支部副书记，曾获宁夏电力公司人力资源工作先进个人、银川供电公司先进个人等荣誉。

家的故事 / family story

家　规

张　弛

尊老爱幼,以孝为先;真诚待人,为人谦虚。
勤学善思,奋发图强;刻苦努力,力争上游。
相互尊重,互帮互助;分享快乐,积极向上。
清白做人,踏实做事;杜绝浮夸,实时反省。
勤俭朴素,不攀不比;洁身自好,提高修养。
遵章守纪,规范行为;行事有度,戒骄戒躁。
爱国爱家,尽忠尽善;勤勉不惜,尽职创业。

张弛,中共党员,高级工程师,宁夏天净元光电力有限公司灵武配网建设中心经理,宁夏电力公司评标专家,曾获得银川供电公司先进工作者等荣誉。

家规家训

何 军

诚实守信,遵纪守法。

知错就改,善莫大焉。

诚诚恳恳做事,踏踏实实做人。

何军,中共党员,工程师、高级技师,国网银川供电公司运维检修部变电检修室主任。

家的故事 family story

家　训

孔德全

养子不必宠。

学业不必甲。

权衡周密，言信行果。

名利不是全部生活，

亲情孝悌必不可少。

孔德全，中共党员，副高级工程师，工程硕士，国网银川供电公司运维检修部二次检修室副主任，曾获银川供电公司优秀共产党员、先进工作者等荣誉。

家规家训

李海勃

老老实实做人,踏踏实实做事。

有书真富贵,人不读书一世穷。

勿以善小而不为,勿以恶小而为之。

李海勃,中共党员,工程师,国网银川供电公司运维检修部变电运维室副主任,曾获宁夏电力公司先进工作者等荣誉。

家的故事
family story

家训家规

王瑞祥

老实做人,踏实做事;诚信待人,勤俭持家。

多读圣贤书以解惑,少议他人非能自明。

心存贪念,噩梦伴你终身;常施善行,快乐助你成真。

意外之财莫恋,生不带来,死不带去;警戒之心常驻,终身受益,福佑子孙。

王瑞祥,中共党员,宁夏天净元光电力有限公司银川配网建设中心支部书记兼副经理,曾获得宁夏电力公司先进工作者、银川供电局优秀党员、永宁县政府先进个人等荣誉。

家规篇

陈氏家训家规

陈智郁

中华民族素有"礼仪之邦"之称,向来重视家教。我出生在传统的知识分子家庭,敦厚质朴的父辈将家风日积月累地沉淀在历史的沧桑岁月中,承载着无声的力量,耳濡目染、潜移默化地影响着我的人生观价值观,伴随着我走过漫漫平安的幸福人生之路。

父母是我们的一面镜子,我们是父母的影子,父母的言传身教无时无刻不在向我们传递着诚实守信、尊老爱幼、甘于奉献的正能量。

每一个家庭都有自己的家训、家规、家风,我家自然也不例外。衷心感谢银川供电公司纪委开展了"传家训、写家书、立家规"学习教育活动,经过与家人对家风的深入交流,终于在母亲节当日完整地确立了我家的家规:

家的故事
family story

勤于持家,俭以养德。

尊老爱幼,诚实守信。

惜时用功,谦恭做人。

爱岗敬业,廉洁从业。

家和万事兴,百事孝为先。

陈智郁,工程师、经济师、二级建造师,宁夏天净元光电力有限公司银川配网建设中心资料员。

晒晒我的家规　讲讲我家的故事

胡权政

百善孝为先,首先在日常生活中要孝敬父母,遵从父母教导,进出家门要和父母打招呼,对父母讲话态度恭敬,语气亲切。

仪表端庄,站如松、立如钟、走如风,站有站相,坐有坐相。

家庭就餐应遵从"长者先,幼者后"的原则,不可无视父母、长辈和客人而自己先行就座进餐。吃多少盛多少,不可浪费粮食。

发现家庭成员中有违反家规的言行时要互相提醒,及时纠正错误。

胡权政,中共党员,宁夏天净元光电力有限公司银川配网建设中心项目经理,曾获元光公司先进工作者等荣誉。

家的故事 *family story*

家规家训

詹国红

家　规

孝敬父母,尊敬师长。

夫妻双方不在老人和孩子面前争吵。

力所能及的事情自己做。

不说谎话。

不与别人攀比物质生活,不爱慕虚荣。

不造是非,不说是非,不传是非,不听是非。

家人生气不过一天,要主动承认错误。

共同处理家庭失误,冷静对待琐碎矛盾。

家　训

自尊、自立、自强。

相互信任,相互尊重,相互理解。

严以律己,宽以待人,举止大方,勤俭持家。

尊老爱幼,与人为善,邻里和睦,助人为乐。

勤奋好学,不耻下问,知足常乐,感恩图报。

詹国红,中共党员,正高级工程师,宁夏电力有限公司信息通信专业技术专家,现任国网银川供电公司运营监控中心主任,曾获宁夏电力公司先进生产者、青年岗位能手、建功立业十佳标兵。

家的故事
family story

后记

请珍爱我们的家

家,是人之身的栖息安顿之所,更是人之心的依归之处。家风是教育后代的方式,是激励前行的灯塔,是殷切的希望,更是做人的态度。不同的家庭,有着不同的家风,但归根结底反映的都是家庭的文化内涵,家庭精神的传承,道德修养的支撑。只有呵护好温暖的家庭,才有人生的美好。

连日来,反复阅读我们干部员工的作品,深深地被一个个平凡的故事传递出来的款款深情所感动,对蕴藏于干部员工中对时代、对企业、对家庭、对家人的感恩、责任更加敬佩。家风好写又不易写好,这次"家风家书家规"作品征集活动,受到广大干部员工的广泛热议及积极参与,投稿数量之多、作品质量之高,前所未有。自活动开展以来,征集家风故事40余个,家训家规80余条,家书70余封。作

后记

品中有总结成长的故事,传承家风传统;有员工写信给父母,感念父母的恩情;有写信给配偶,感谢相扶相持;有写信给子女,教导正直做人;还有员工子女主动写信给父母,表达感恩之情。有的员工说,第一次写家里的事,心里有种说不出的温情和感动;有的员工表示,是一边抹着眼泪一边完成的作品;还有的员工感慨,从没有这么认真地思考过家庭教育对自己的影响。每件作品都从不同角度,给我们展示了家风的独特魅力,勾勒出了家庭中的亲情力量和崇德向上的文化气质。近期,公司员工自发成立"国网银川供电公司纪小廉工作室",以视频动画为表现形式,制作出一个个内容丰富、独居匠心、唯美生动的家的故事,拓展了家庭文化的表现方式,成为家风家教传播传承持久的延续和动人的续写。

四十载春秋,一代代电力人为守护千家万户光明、为国网品牌、为电力事业发展而默默奉献着。从"修身治国平天下""位卑未敢忘忧国"的大义凛然,到"爱国就是爱岗敬业""坚守保电岗位"朴实无华的实际行动,体现的都是一种舍小我为大我,将爱家提升到爱党、爱国、尚廉的精神特质,使朴实的家风转换为新时代的新思想、新目标、新征程、新气象,这是我们干事成事的力量之源。

这本书诠释的是国网银川供电公司干部员工优秀家风文化的小小一隅,也是我们国网银川供电公司这个"家"勇往直前的不竭动力和宝贵精神财富。它真实地反映了干部员工落实国家电网公司廉洁文化建设的心迹,更是体现了国网宁夏电力有限公司党委、纪委、银川供电公司党委的支持。在本书的编辑过程中,国网宁夏电力有限公司纪委书记董安有悉心指导,银川供电公司总经理张小牧、党委书记赵强在百忙之中亲自把关,广大干部员工踊跃参与。从这个角度来讲,这本书已经超越出书籍本身的意义,传承的不仅是银川供电公司广大干部员工优秀的家风、家规以及流淌在内心的爱岗敬业、砥砺奋进的企业文化精神,更是国网银川供电公司这个"家"团结友爱的亲情见证和勇往直前的精神血脉。

在成书之际,向所有作者、参编人员深表感谢!

国网宁夏电力有限公司银川供电公司纪委

2018 年 11 月